宁夏高等学校一流学科建设（教育学学科）资助项目（NXYLXK2017B11）

# 城乡义务教育
## 中小学教师资源均衡发展研究

◎ 杨智明　梁振民　著

中国农业科学技术出版社

图书在版编目（CIP）数据

城乡义务教育中小学教师资源均衡发展研究/杨智明，梁振民著.--北京：中国农业科学技术出版社，2022.9
ISBN 978-7-5116-5940-8

Ⅰ.①城… Ⅱ.①杨…②梁… Ⅲ.①义务教育—城乡一体化—师资队伍建设—研究—中国 Ⅳ.①G635.12

中国版本图书馆CIP数据核字（2022）第178210号

| 责任编辑 | 李 华 |
|---|---|
| 责任校对 | 李向荣 |
| 责任印制 | 姜义伟 王思文 |

| 出 版 者 | 中国农业科学技术出版社 |
|---|---|
| | 北京市中关村南大街12号 邮编：100081 |
| 电　　话 | （010）82109708（编辑室）（010）82109702（发行部） |
| | （010）82109709（读者服务部） |
| 网　　址 | https://castp.caas.cn |
| 经 销 者 | 各地新华书店 |
| 印 刷 者 | 北京建宏印刷有限公司 |
| 开　　本 | 170 mm×240 mm　1/16 |
| 印　　张 | 13.25 |
| 字　　数 | 229千字 |
| 版　　次 | 2022年9月第1版　2022年9月第1次印刷 |
| 定　　价 | 78.00元 |

◀━━━ 版权所有 · 侵权必究 ━━━▶

# 序 言

在 2022 年教师节来临之际，习近平总书记给北京师范大学"优师计划"学生回信，向他们寄予厚望，希望他们在毕业以后到祖国和人民最需要的地方去工作，努力成为党和人民满意的"四有"好老师，由此表明党中央对教师事业发展的重视，引导广大师生厚植家国情怀，落实好立德树人的根本任务。到 2022 年 6 月，全国义务教育阶段专任教师总数达到了 1 057 万人，现有 1.58 亿名学生，义务教育阶段学校为 20.7 万所。在 2012—2021 年的 10 年间中国义务教育实现了县域基本均衡发展，成为我国义务教育发展史上又一个里程碑。由于受到办学条件的限制，义务教育资源始终存在"乡村弱、城镇挤"的现象。为了解决城乡义务教育办学条件不均衡的现实问题，教育部明确表示一手抓巩固基本均衡发展成果，一手抓促进优质均衡发展，缩小区域、城乡、校际、群体教育差距，为到 2035 年全面实现义务教育优质均衡发展奠定坚实基础，这也为城乡教育资源均衡配置指明了发展方向。

根据教育实践经验可知，教育高质量发展的关键是拥有优质的教师资源，真正促进城乡教育资源均衡发展的关键是促进城乡教师资源均衡配置。缓解乡村义务教育学校，尤其是西部边远地区学校"招不来、留不住"的困境。部分乡村学校办学条件艰苦，导致很多青年教师不愿意留在乡村学校从事教育事业，导致乡村学校在办学过程中存在教师年龄结构不合理，没有形成老中青的梯队；教学学科结构不合理，缺少英语、计算机、音乐、美术等学科的教师；教师职称结构不合理，缺少高级职称的教师。在此，本专著以教育公平理论、公共产品理论、城乡统筹发展理论为基础理论，在借鉴国外城乡教师资源均衡配置经验的基础上，在宏观层面分析了我国城乡教师资源配置现状和国内部分地区关于城乡教师均衡配置的激励办法和成功经验；在中观层面以西部地区宁夏回族自治区城乡教师资源配置为例，分析了城乡教师配置失衡的原因和均衡配置的路径；在微观层面以国内 X 县为样本,通过对该县的教育主管部门领导进行深入访谈,以及对相关教师的问卷调查,从教师自身原因、办学条件、管理制度、经济收入四个维度,深入分析了乡村教师短缺的原因。最后讨论了城乡教师资源配置的原则,提出了乡村教师建设路径和保障乡村教师规模、结构、学科类型和质量的对策与建议。

本著作的出版在宁夏高等学校一流学科建设(教育学学科)资助项目(NXYLXK2017B11)的资助下完成。本著作是杨智明、梁振民二人共同策划并完成的,只是在研究的侧重点和撰写上分工不同。由于时间短、部分结论只是阶段性的,需要在今后的研究中进一步补充完善。由于作者的知识水平有限,难免在论述中有不妥之处,敬请读者批评指导。

著 者<br>
2022 年 8 月

# 目 录

**第一章 绪 论** ·················································· 1
　一、研究背景 ················································ 3
　二、研究意义 ················································ 5
　三、主要研究内容 ············································ 6
　四、研究方法 ················································ 8
　五、研究技术路线 ············································ 10

**第二章 关于城乡教师资源均衡发展理论综述** ······················ 11
　一、国外研究文献综述 ········································ 13
　二、国内研究文献综述 ········································ 17
　三、相关概念的界定 ·········································· 22
　四、城乡义务教育资源均衡配置标准 ···························· 27
　五、本章小结 ················································ 29

**第三章 研究基础理论** ·········································· 31
　一、公共产品理论 ············································ 33
　二、教育公平理论 ············································ 40
　三、资源配置理论 ············································ 45
　四、城乡一体化理论 ·········································· 49
　五、本章小结 ················································ 52

**第四章 国外城乡教师资源均衡配置经验与启示** ···················· 53
　一、美国城乡教师资源均衡配置经验与启示 ······················ 55
　二、法国城乡教师资源均衡配置经验与启示 ······················ 63
　三、日本城乡教师资源均衡配置经验与启示 ······················ 68

四、澳大利亚城乡教师资源均衡配置经验与启示 …………………… 74
　　五、本章小结 …………………………………………………………… 78

## 第五章　我国教师资源均衡发展现状 …………………………………… 81
　　一、我国教师资源配置政策的历史演进 ………………………………… 83
　　二、我国教师资源配置现状分析 ………………………………………… 92
　　三、我国教师资源非均衡配置的原因分析 ……………………………… 98
　　四、我国教师资源非均衡配置产生的后果 ……………………………… 101
　　五、本章小结 …………………………………………………………… 104

## 第六章　我国城乡教师资源均衡发展的实践探索 ……………………… 105
　　一、北京市城乡教师一体化的实践模式 ………………………………… 107
　　二、广西壮族自治区全面乡村教师支持计划的实践模式 ……………… 111
　　三、陕西省城区带动乡村教师的实践模式 ……………………………… 115
　　四、重庆市城乡教师资源均衡发展的实践模式 ………………………… 119
　　五、沈阳市城乡教师资源均衡发展的实践模式 ………………………… 124
　　六、本章小结 …………………………………………………………… 127

## 第七章　宁夏回族自治区城乡教师资源均衡发展现状研究 …………… 129
　　一、宁夏回族自治区教师队伍建设总体现状 …………………………… 131
　　二、宁夏回族自治区城乡教师队伍建设总体现状 ……………………… 134
　　三、宁夏回族自治区城乡教师资源均衡配置面临的矛盾 ……………… 139
　　四、宁夏回族自治区城乡教师资源未均衡分配的原因分析 …………… 142
　　五、宁夏回族自治区城乡教师资源均衡分配政策支持与优化路径 …… 150
　　六、本章小结 …………………………………………………………… 155

## 第八章　我国城乡教师资源统筹发展的基层调查研究 ………………… 157
　　一、国内 X 县教师资源基本情况 ………………………………………… 159
　　二、国内 X 县教师城乡流动意愿调查分析 ……………………………… 165
　　三、国内 X 县乡村教师资源短缺原因调查 ……………………………… 171
　　四、本章小结 …………………………………………………………… 184

**第九章　新时代城乡教师资源均衡配置优化政策与建议** ………………185
一、新时代城乡教师资源配置的基本原则………………………………187
二、新时代城乡教师资源配置过程乡村教师队伍建设策略研究……190
三、新时代城乡教师资源配置的政策建议………………………………192
四、本章小结………………………………………………………………196

**参考文献**……………………………………………………………………197
**后　记**………………………………………………………………………202

# 第一章 绪论

# 第一章 绪 论

## 一、研究背景

城乡义务教育师资均衡有利于实现教育的公平，有利于社会和谐发展和城乡之间统筹发展，对于我国实现脱贫攻坚和小康梦意义重大。在我国改革开放40多年的时间里，国家对于义务教育资源的投入力度在不断加大，对于乡村学校信息资源、师资队伍建设和校舍建设等持续加大资金投入，目的是改善乡村学校的办学条件，促进城乡教育事业均衡发展。2010年国务院通过《国家中长期教育改革和发展规划纲要（2010—2020年）》，其中重点强调"促进公平作为最基本的教育国策，教育公平是社会公平的重要基石"。在我国"十三五"规划中，将"促进教育公平"和"提高教育质量"确立为教育事业的两大战略主题，"没有公平就没有高质量"得到了国家层面的重视。在"十四五"规划中，提出了"建设高质量教育体系"，在规划建议中提出，坚持教育公益性原则，深化教育改革，促进教育公平，推动义务教育均衡发展。在"十四五"规划中，推进教育公平与坚持立德树人是促进教育高质量发展的两个重要基点，关注农村、关注西部和关注弱势群体是高质量教育的重要任务之一。从以上分析可知，加速推进教育公平和均衡配置教育资源的核心是促进教师资源均衡配置，对实现教育公平与社会和谐有着深刻的意义，体现了义务教育的统一性特点。当前在我国城乡之间教师资源均衡配置尚未得到完全改善，本研究以教育公平理论为指导，学习和总结国内外关于促进城乡教师均衡发展的经验，尤其是总结国内外多个地区关于乡村教师队伍建设的先进做法和好的经验，藉此为国内贫困地区城乡教师资源均衡配置提供参考和借鉴。宁夏是我国5个少数民族自治区之一，是我国经济欠发达地区和集中连片贫困区，导致城乡教师资源配置失衡现象较为严重。在此笔者通过访谈和调研等方法，深度了解宁夏部分地区城乡学校教育资源配置过程中存在的问题，了解乡村教师的职业选择、工资福利待遇、工作负担、职称晋升、生活负担,以及分析导致城乡教师资源分配失衡的原因,最后有针对性地提出促进城乡教师资源配置的优化建议,旨在为我国各级政府优化城乡教师资源配置提供更多理论参考。

## 二、研究意义

### (一) 理论意义

随着教育资源均衡发展理念深入人心，引起了学界和政界的高度重视，教育资源优化配置作为一个新的研究命题呈现在世人面前。如何促进教育资源均衡发展，尤其是教师资源均衡发展，是最为核心的事项，实现城乡之间、区域之间、学校之间的优化配置，多位学者已经形成了多篇文献，对于促进城乡教师资源优化配置起到了一定的指导作用，由此笔者拟从国外、国内、省区、市县等不同维度讨论城乡教师资源配置的基础理论、存在的问题和均衡优化配置经验，能够从理论层面构建起一个研究框架。另外，教师资源配置的研究是以教育公平理论和城乡统筹发展的理论为基础，解析教师资源配置现状问题、质量效益、对策与建议等内容，形成"三位一体"的研究体系，对丰富教育管理理论和拓展教育资源理论体系，完善教育资源配置政策具有重要的理论意义。

### (二) 实践意义

城乡之间教师资源均衡分配涉及城乡之间教育公平的问题，更是城乡之间教育均衡的关键因素之一，当前中国正处于乡村振兴和脱贫攻坚的关键时刻，面对城乡之间教育资源尚未实现均衡发展，在学习了国内外关于城乡教师资源均衡配置经验以后，以宁夏地区城乡教师资源分配为例，结合实地调研和访谈，分析当前国内乡村学校教师面临的困难和破解对策，在参照国内外城乡教师资源均衡分配的先进经验基础上，提出促进城乡之间教师资源均衡配置的优化模式和办法，对促进我国城乡之间教师资源均衡发展和提高乡村学校的教育质量提供理论参考和智力支持。

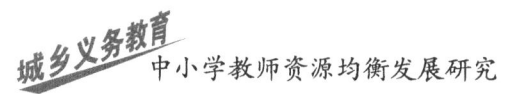

## 三、主要研究内容

本研究以文献分析法、案例分析法、访谈法,对相关文献进行梳理和综述,厘清了城乡统筹、教师资源和教师配置等相关概念,分析国内外关于城乡教师资源配置的发展经验,以宁夏城乡教师资源配置为研究案例,通过访谈了解城乡教师资源配置的现状,从自然生态、社会经济发展和政策等角度分析城乡教师资源配置失衡的原因,最后以国内×县乡村学校教师的访谈内容作为研究素材,分析乡村学校教师在职业发展、各类福利待遇和教师社会地位等方面面临的问题,最后依据现有问题,提出促进城乡教师资源配置的对策与建议。全书共分为九章。

第一章为绪论。主要阐述了选题背景、研究理论意义和实践价值,主要研究内容、研究方法和研究技术路线。

第二章为关于城乡教师资源均衡理论综述。主要对国内外研究文献进行综述和述评,对城乡教师资源和城乡教师资源配置等相关定义进行界定。

第三章为研究基础理论。主要讨论公共产品理论、教育公平理论、资源配置理论、城乡一体化理论的概念内涵和基本内容,解析以上理论对教师资源均衡配置的启示。

第四章为国外城乡教师资源均衡配置经验与启示。主要讨论美国、法国、日本和澳大利亚4个国家缓解城乡教师资源问题的各种经验和发展模式,最后提出实现城乡教师资源均衡发展的对策与建议等。

第五章为我国教师资源均衡发展现状。主要讨论了国内教师资源配置的发展历程,国家对于教师资源出台的相关政策法规和鼓励支持办法等。

第六章为我国城乡教师资源均衡配置的实践探索。以北京、广西、陕西、重庆和沈阳推出城乡教师资源均衡配置的发展经验为基础,从教师待遇、职业发展、职称晋升、社会地位等不同角度,以及音乐、体育、美术教师相对短缺的不利局面,在国内率先实现了乡村教师资源的均衡发展模式，为国内其他省份均衡配置教师资源提供经验借鉴。

第七章为宁夏回族自治区城乡教师资源均衡发展现状研究。主要阐述了宁夏回族自治区教师队伍建设情况，在此基础上，从现有学科教师的总体规模、年龄结构、学科结构分析乡村教师资源配置现状，解析城乡教师资源配置面临的矛盾与问题，从自然生态、社会经济发展和国家政策等角度分析城乡教师资源配置失衡形成的原因，解析宁夏回族自治区为了进一步响应国家乡村教师支持计划，从教师待遇、职称晋升、提高社会地位等不同方面，提出稳定和建设乡村教师队伍所做的工作。

第八章为我国城乡教师资源统筹配置基层调查研究。本章主要阐述了国内×县城乡教师资源数量、质量、职称等，利用问卷调查了解城乡教师流动意愿，在此基础上利用问卷调查法了解乡村学校教师短缺的原因，从教师个人、管理制度、经济收入、办学条件等不同角度对×县多名教师和教育管理人员进行深度访谈，深入了解城乡教师资源配置失衡的原因。

第九章为新时代城乡教师资源均衡配置优化政策与建议。在本章中主要阐述了城乡教师均衡配置的原则，根据调研和现实情况，提出了新时期城乡教师资源配置过程中乡村教师队伍建设策略，以及城乡教师资源优化配置的政策建议。

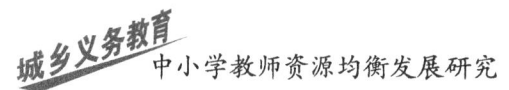

# 四、研究方法

## （一）文献阅读法

首先，在研究城乡教师资源配置过程中，笔者查阅了国内外关于教育人力资源的相关文献，通过对各类文献的研读和总结提炼，综述相关文献和归纳相关理论，了解当前教师资源配置的相关问题。其次，查阅国家相关部委出台义务教育阶段教育资源配置的通知和相关标准，为后续研究提供参考依据。

## （二）专家访谈法

首先，在研究城乡教师资源分配过程中，笔者通过访谈教育管理专家学者，了解当前国内外关于城乡教师资源配置的发展经验和案例启示，得到第一手资料以后，将访谈资料进行整理，汇总成研究文本。其次，为了深入了解国内城乡教师资源分配，笔者走访了国内广西、陕西、沈阳等地关于城乡教师队伍建设情况，以及地方政府为了缓解城市教师资源过剩和乡村教师资源不足等问题，尤其是为了促进乡村教师队伍建设给予的各项优惠政策，进行详细了解和访谈，为国内城乡教师资源均衡发展提供经验参考。

## （三）实地调研法

首先，选取有典型意义的地区，分析城乡教师资源分配的典型案例，包括乡村教师激励政策、教师培训项目和乡村教师服务政策等，以此作为研究城乡教师资源的样本。其次，根据国内 X 县城乡教师资源分配和教师队伍建设情况，根据问卷调查和实地访谈获得的第一手资料，了解城乡教师队伍建设和资源配置，城乡教师队伍建设遇到的问题和乡村教师职业生涯规划等，提出城乡教师均衡发展的对策与建议。

# 五、研究技术路线

本研究在探索城乡教师资源均衡配置时，在确定研究选题以后，按照理论综述，分析国内外城乡教师资源均衡配置的先进经验，调研国内多个地区教师资源均衡配置的现状，咨询相关对策建议的研究路径，开展系统化研究，具体研究路线见图1-1。

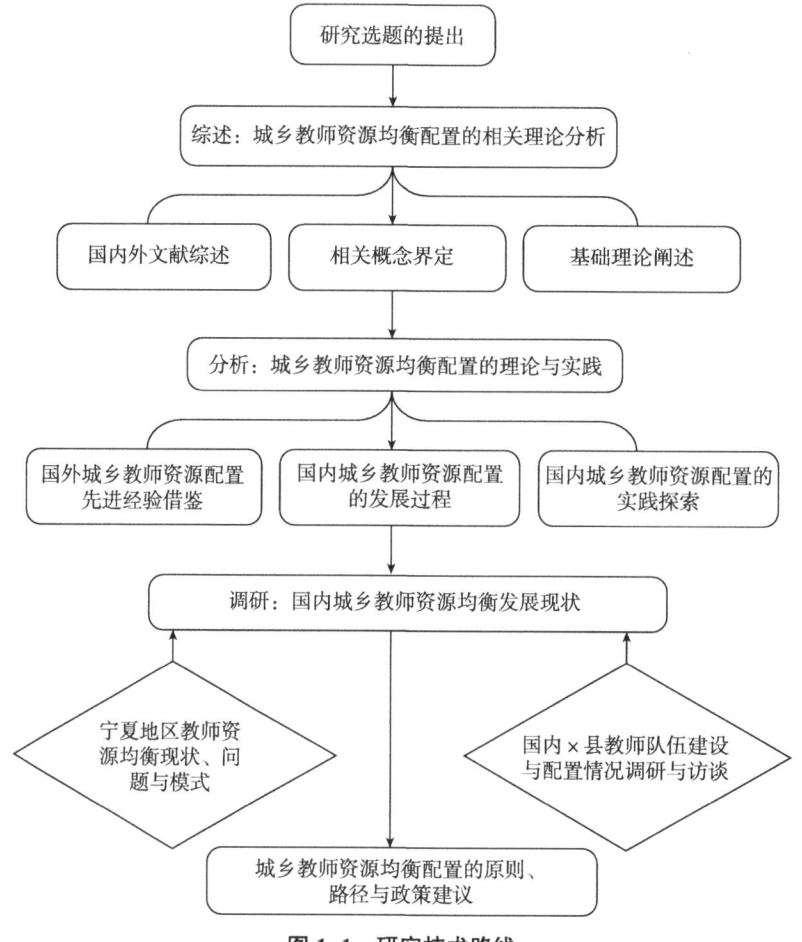

图1-1 研究技术路线

# 第二章

## 关于城乡教师资源均衡发展理论综述

# 第二章 关于城乡教师资源均衡发展理论综述

## 一、国外研究文献综述

在促进教育一体化时，关于教师资源的理论研究，主要是将教育资源作为一种人力资源来研究，现将文献综述如下。

### （一）国外关于教育公平的相关研究

首先，公平在社会学领域是相对的概念，既是一种价值判断，也是理想实现的过程。公平一词出现在古希腊政治学中，梭伦（Solon）认为公平是不偏不倚和一视同仁[①]。19 世纪美国公立学校运动组织者和倡导者，素有美国"公共教育之父"之称的贺拉斯·曼（Horace Mann）认为人们在倡导公平的背景下，不分种族、民族、性别、肤色、教派和贫富等，都应该享有公平教育的机会[②]。在教育机会公平方面形成三大流派，第一种观点为入学机会均等，受达尔文进化论的影响，主张"优胜劣汰"，这一阶段教育公平主要限定于入学机会的均等；第二种为教育机会均等，在 20 世纪 50—60 年代，自由主义哲学的观点占据主流，认为每名儿童从出生那一刻起，基于天赋和后天的能力，使得每个人都能利用天赋能力得到充分发展，确保每个儿童都能获得同等受教育的机会；第三种是在 20 世纪 60 年代中后期，受布鲁姆（Bloom）的早期学业研究成果的影响，强调学校与教育均等是教育公平追求的主要目标，形成"学业成就机会均等"的观点[③]。

---

① 百度百科.梭伦改革［EB/OL］.http：//baike.baidu，com.
② 埃尔伍德·帕特森·克伯莱.美国公共教育：关于美国教育史的研究和阐释［M］.陈露茜，译.合肥：安徽教育出版社，2012.
③ 理查德·A.金.教育财政——效率、公平与绩效［M］.第三版.曹淑江，等译.北京：中国人民大学出版社，2010.

其次，罗尔斯提出三个公平的原则，第一个原则是平等自由原则，第二个原则是机会的平等原则和差别原则的结合，在处理教育公平问题时，差别原则与平等原则同时配合使用，合乎"最少受惠者的最大利益"的公平基准[①]。美国詹姆斯·科尔曼1966年根据美国民权法案对各类人群展开调查，形成《教育机会平等》的调研报告，提出许多关于学校对平等教育机会影响的话题，引导整个教育理论研究发生转向，重塑了美国教育政策，对美国教育体系产生了深远的影响[②]。瑞典教育学家胡森在他的著作《平等——学校和社会政策的目标》中，对教育面前"机会均等"做了系统化的梳理，主要归纳为三点，即起点的公平、过程的公平和结果的公平。他还认为机会是一个变量，包括学校外来的各种事物、学校的设施、家庭环境和学校环境中形成的某些心理因素[③]。美国学者库姆斯在他出版的《世界教育危机》中论述了教育不平等现象，认为教育不公平源于社会经济发展和种族差异，教育不公平形成的原因是民众受教育愿望需要、资源短缺、教育系统的不作为和社会观念落后因素导致的[④]。

## （二）国外政府在资源配置中发挥的作用研究

20世纪中期在新制度经济的影响下，政府作为资源配置的主导者，基于正义、公平和效率"三位一体"的倡导，引起了政治学、经济学和社会领域的多名专家学者对教育资源分配问题的重视。在20世纪60年代，美国芝加哥大学教授米尔顿·弗里德曼（1955）研究教育和社会的问题，在他发表的《政府在教育中的作用》一文中提出了向政府垄断教育资源配置方式进行问责，主要是缺乏市场竞争手段，完全由政府来主导资源分配方式，导致资源分配效率低下[⑤]。美国教授查尔斯·V.威利是反对种族歧视

---

① 约翰·罗尔斯.正义论［M］.何怀宏，何包钢，廖申白，译.北京：中国社会科学出版社，1998.
② COLEMAN J S. Equality of Education Opportunity［R］.National Center for Educational，1988.
③ 张人杰.国外教育社会学基本文选［M］.上海：华东师范大学出版社，1989.
④ 菲利普·库姆斯.世界教育危机［M］.赵宝恒，李环，等译.北京：人民教育出版社，2001.
⑤ 米尔顿·弗里德曼.资本主义与自由［M］.张瑞玉，译.北京：商务印书馆，1986.

的代表者，指出国家和政府在配置教育资源时，必须坚持差异性原则，遵守预防措施和纠正补偿相结合的原则，防止资源分配不公，将有限的资源实现均等化分配，让所有人同时受益①。美国学者贝克·布鲁斯（Baker Bruce）等学者调研了美国中小学财政投资公平状况，研究报告中指出经费投入在学校之间存在较大的差距，财政资源配置不平衡问题非常严重②。

### （三）国外教育资源配置的研究

进入 20 世纪 80 年代以后，关于教育资源配置的"效率"和"质量"的问题，引起多位学者的关注和研究。随着经济全球化和市场竞争的激烈，改变了政府垄断教育资源配置的现象，带动教育资源利用市场化配置方式日益增强。美国学者约翰·丘伯等通过对比公立学校和私立学校发现，教育资源通过市场配置方式才是最有效的方法，依据市场调控和家长的选择，政府进行间接的调控③。瑞典学者弗朗西亚、瓜达卢佩在分析瑞典教育公平政策时指出，教育公平可以降低学校教育失败的可能，但是对于个别学生实施差异化的教学策略，鉴于各地语言的原因，可能提升学生歧视的风险④。Lyonno（2010）在研究教师资源时发现，学校教育中若想获得较好的成绩，必须配备优秀的教师资源，该观点提出以后，引发更多社会公众对优质教师资源的关注⑤。

### （四）文献述评

本节在综述国外关于教育公平、政府在教育资源配置中发挥的作用、

---

① 查尔斯·V. 威利. 教育中的优异、公平和多样性[J]. 教育展望（中文版），2000（4）：35–43.
② Baker B，Farrie D，Luhm T. Is School Funding Fair? A National Report Card（Fifth Edition）[R]. Education Law Center，2016.
③ 约翰·E. 丘伯，泰力·M. 默. 政治、市场和学校[M]. 蒋衡，译. 北京：教育科学出版社，2003：45–49.
④ FRANCIA G. The impacts of individualization on equity educational policies[J]. Journal of New Approaches in Educational Research，2013，2（1）：17–22.
⑤ 慕彦瑾. 西北义务教育资源配置合理性分析[D]. 成都：四川师范大学，2016.

教育资源的配置效率等方面的文献，鉴于篇幅尚未逐一列出。笔者在研读过后总结出以下几点意见：一是国外多位学者从理论角度探索了教育公平、教育资源分配的问题。二是教育资源配置涉及政府和市场两种配置方式，以往公共资源都是以政府垄断的形式进行分配，经过不断探索，笔者认为以市场配置方式为主、政府间接调节为辅的分配方式是教育配置的最佳选择。三是在教育配置效率研究方面，多数文献是在调研基础上形成的报告，对于后期研究起到了一定的指导作用。

## 二、国内研究文献综述

### （一）国内关于教师资源配置合理性研究

张华侨（2000）在研究农村教育过程中，郑重地指出农村教育出现危机的原因是教育资源分配的不公[①]。多力思（2011）研究义务教育资源配置不均衡的原因时发现，教师资源、教学设施、经费是主体因素，尤其是教师资源的合理配置要从数量、学历、合理流动方面进行充分考虑，才能使义务教育资源达到整体配置的均衡要求[②]。杨银付（2012）研究教育资源优化配置时发现，满足教师物质和精神需要是促进教育资源均衡发展的主要途径[③]。刘彦伯（2015）指出在国内义务教育阶段教师资源的配置方式中，教师队伍保持动态平衡主要体现在配置环节、教育培训环节和教师结构调整环节[④]。毕正宇（2015）认为教师队伍的合理配置符合义务教育的本质，教师队伍配置的不合理严重影响了教育资源均衡配置，对义务教育的可持续发展非常不利[⑤]。张传萍（2012）基于成本与效率的视角，分析了义务教育资源配置标准的目标是公平[⑥]。苏涛（2020）从人力资源建设的角度分析教育资源配置合理性，指出教师是教育的第一资源，只有合理配置人力资

---

① 张华侨.农村教育在危机中呐喊［J］.南风窗，2000（5）：60-63.

② 多力思.我国义务教育资源配置评价研究［D］.哈尔滨：哈尔滨工程大学，2011.

③ 杨银付.通过教师资源优化配置来推动义务教育发展［J］.现代教育科学，2012，13（6）：41-42.

④ 刘彦伯.我国城乡义务教育教师资源的可持续配置［J］.基础教育参考，2015，13（17）：44-45.

⑤ 毕正宇.教师资源优化配置和义务教育均衡化发展的关系研究［J］.新课程教学，2015，15（6）：11-12.

⑥ 张传萍.义务教育资源配置标准研究［D］.武汉：华中科技大学，2012.

源,才能实现教育资源的均衡[1]。

## (二)国内关于教师队伍非均衡相关问题研究

研究城乡教师资源分配问题,有必要研究教师队伍均衡分配的文献。彭芳(2020)以银川市金凤区为例,分析教师资源配置不合理的原因是教师轮岗政策不完善、绩效制度不合理、现代化学校制度不完善[2]。秦玮苡(2019)分析柳州市义务教育乡村教师的基本状况时发现,当前教师素养较低,工作和生活状况、教学理念都有待改善,加强培训才能促进城乡教育一体化[3]。李凤珍(2019)以四川省103所学校为例,分析城乡生物教师分配不均衡的原因是受教育资源分配的影响较大[4]。宋乃庆和朱亚丽(2014)构建评价指标体系,实证分析教师均衡发展的问题,指出师生比、教师职称与学历对城乡均衡发展的影响较大[5]。

## (三)国内关于教师队伍非均衡程度测度研究

于发友等(2011)以教师学历达标率和师生比作为基本指标,测度了师资配置的均衡程度[6]。中国教科院"义务教育均衡发展标准研究"课题组(2013)利用修正后的差异系数测度了城乡义务教育均衡发展水平,主要是利用表征区域内数据的离散程度,分析城乡义务教育资源的均衡度[7]。陈

---

[1] 苏涛.教师人力资源配置合理性研究[D].武汉:华中师范大学,2020.
[2] 彭芳.小学教师资源均衡配置问题研究[D].银川:北方民族大学,2020.
[3] 秦玮苡.义务教育均衡发展过程中的乡村教师境况——基于30位乡村骨干教师培训学员的调查分析[J].长江丛刊,2019(22):114-115.
[4] 李凤珍.农村与乡镇中学生物教师资源配置的不均衡性研究——以四省14个地区103所学校为例[J].广西教育,2019(42):11-14.
[5] 宋乃庆,朱亚丽.统筹城乡背景下义务教育资源配置的差距分析——基于重庆和全国的数据比较[J].教育与经济,2014(4):3-13.
[6] 于发友,赵慧玲,赵承福.县域义务教育均衡发展的指标体系和标准建构[J].教育研究,2011(4):50-54.
[7] 中国教科院"义务教育均衡发展标准研究"课题组.义务教育均衡发展国家标准研究[J].教育研究,2013,34(5)36-45.

家全（2017）运用现代综合评价方法，从教育机会、教育质量、教育管理三个视角，构建起县域义务教育均衡发展评价体系，分析了东、中、西部地区教育均衡发展的水平①。

## （四）国内关于教师队伍非均衡发展的原因分析

在分析了国内教师资源均衡发展合理性和均衡发展水平以后，有必要综述国内师资配置不均衡形成的原因。李伟叶（2018）在分析城乡师资资源分布不均衡的原因时发现，城乡二元结构、教师待遇和编制，严重影响了教师资源的均衡分配②。余跃（2016）以重庆市义务教育的教师资源为例，经过走访调研得知导致教师资源不均衡的原因是地区经济发展水平、重点学校的政策等③。冯文全和夏茂林（2010）指出教师无序的流动性和城乡之间的教师待遇不均、教育投入不足等导致师资配置不均衡和城乡之间师资力量不对等④。李均（2008）认为在教师资源分配过程中，各级政府的财政支持力度和财政责任的不对称，也是导致教师资源配置不均衡的原因之一⑤。王鹏炜和司晓宏（2011）指出当前的师资分配结构层级性，对经济发展落后地区乡村学校的教师极其不利，实现师资均衡必须关注该类学校的师资力量⑥。

---

① 陈家全.县域义务教育均衡发展评价指标体系构建的研究［D］.重庆：西南大学，2017.
② 李伟叶.县域内小学教师资源均衡化配置问题研究［D］.长春：东北师范大学，2018.
③ 余跃.统筹城乡背景下义务教育师资均衡配置的定量研究——以重庆市为例［D］.重庆：西南大学，2016.
④ 冯文全，夏茂林.从师资均衡配置看城乡教师流动机制构建［J］.中国教育学刊，2010（2）：18-21.
⑤ 李均.我国教师资源配置结构性失衡现象考察——兼论当前农村教师队伍建设的制度选择［J］.深圳大学学报（人文社科版），2008（1）：148-153.
⑥ 王鹏炜，司晓宏.城乡一体化进程中的教师资源配置研究［J］.陕西师范大学学报（哲学社会科学版），2011，40（1）：156-162.

## （五）国内师资均衡发展对策和建议分析

卢妙香（2012）在研究城乡师资均衡发展问题时指出，加强教师资源的交流，完善相关制度，加大财政投入力度是实现城乡教师资源配置的有效对策①。朱昆（2010）分析了法国教师资源配置措施，认为利用"教育优先发展区"对策，可以进一步缩小城乡之间的师资不均衡，促进教师资源在数量和质量上得到改善和提升②。柳海民和周霖（2007）认为推进义务教育均衡发展，关键任务是质量均衡，而质量均衡的关键是师资均衡，在短期内通过更新队伍、优化结构，通过"特岗"机制来破解城乡教师队伍的差距问题③。夏茂林和冯文全（2010）认为对流动教师实施成本和环境差异补偿，才能稳定乡村教师队伍④。鲍传友（2005）指出缩小城乡义务教育差距，重点是加强百万"国家农村教师岗位"建设，破解乡村教师资源"瓶颈"⑤。

## （六）文献述评

在综述了国内关于教师资源配置相关问题以后，笔者有几点体会，首先，在研读文献时得知国内关于教师资源配置的研究晚于国外，继承和学习了国外相关理论，拓展和深入研究了教育公平理论，相比之下我国与国外的发展背景不同，在坚持道路自信、理论自信、制度自信和文化自信的背景下，不能照搬照抄国外相关研究成果将其转移到国内，建议国内学者根据我国的国情，对教育资源配置相关问题展开研究。其次，当前研究关

---

① 卢妙香.我国义务教育城乡教师均衡配置的政策分析［J］.漳州师范学院学报（哲学社会科学版），2012（4）：108-112.

② 朱昆.法国中小学教师配置改革对我国师资配置的启示［J］.教育导刊，2010（8）：43-46.

③ 柳海民，周霖.义务教育均衡发展的理论与对策研究［M］.长春：东北师范大学出版社，2007.

④ 夏茂林，冯文全.义务教育均衡配置问题探讨［J］.教育科学，2010（1）：75-79.

⑤ 鲍传友.中国义务教育差距的政策审视［J］.北京师范大学学报（社会科学版），2005（3）：16-24.

于教师资源配置相关问题，多数文献是在教育管理和教育学领域，研究学科范围比较窄，未来应该构建起交叉学科，增加研究的深度和广度。最后，在研究内容方面，主要是现状、问题、对策三段式研究范式，未来应该以定性与定量相结合，基于田野调查和实地调研数据，完成高质量的研究文献，为我国城乡教育均衡发展提供更多理论支撑。

# 三、相关概念的界定

## （一）城乡

关于城乡概念的界定在学界比较混乱，尚未给出一个确定的标准来界定城乡的概念。"城"即为城市，"乡"即为农村，现将城乡的概念进行界定。

首先，乡村的概念。乡村英文为 Rural 或 Country。在历史过程中，乡村被解释为从事农业、人口分布较城镇稀疏的地区。以美国学者罗德菲尔德为代表，他对乡村的界定为"乡村是人口稀疏、比较隔绝和以农业为经济基础、人类生活比较相似的地区"。从社会发展的角度看，乡村是人类活动的载体，主要是以乡村活动为主的聚落地点和社会活动集散地。

其次，城市的概念。从地理学的角度讲，城市是以非农产业和非农业人口为主的居民点，包括国家行政建制设立的市、镇和中心镇等；从人口学的角度看，人口较为稠密的地区称为城市，通常包括住宅区、工业区和商业区，并且具备行政管辖功能，城市的行政管辖在国内具有广泛的区域。城市的出现和发展是人类走向文明的标志，也是人类聚落发展的高级形式，同时城市的发展也给人类带来了巨大的问题，始终困扰着人类。

最后，在教育统计中，城乡有着本质的区别，自 2011 年起，我国教育事业统计采用了国家统计局首次颁布的《统计用城乡划分代码》。新的城乡划分标准将以往的城市、县镇、乡村三个分类，调整为三大类七小类，主要包括城区（含主城区、城乡接合部）、镇区（含镇中心区、镇乡接合部、特殊区域）、乡村（含乡中心区、村庄），由此在教育事业统计中，城乡具体划分依据国家统计局的相关标准进行。

## （二）城乡一体化

城乡一体化是在生产力高度发达的情况下促进城乡居民生产、生活和居住方式变化的过程中，进一步带动城乡人口、技术、资本等要素相互融合和相互影响，促进城乡在经济、社会、文化和生态上协调发展的过程。从社会学和人类学的角度看，认为城乡一体化是指相对发达的城市和相对落后的乡村，破除城乡二元结构壁垒，逐步实现生产要素的优化组合和合理流动，缩小直至消灭城乡之间的差别，进而使城乡融为一体。从经济学角度看，城乡一体化是在适应经济发展规律和生产力合理布局的基础上，认为城乡一体化是现代经济中农业和工业联系日益增强的客观要求，是统筹布局城乡经济，加强城乡之间的经济交流和协作，促进城乡生产力优化分工和合理布局，取得最佳的经济效益。从规划学的角度看，城乡一体化是从空间的角度对城乡接合部的统一规划，对具有一定内在关联的城乡物质和精神要素的统筹安排。从生态环境的角度看，城乡一体化是城乡生态环境的有机结合，保障自然生态环境优良和促进城乡之间低碳、绿色和有序发展。

## （三）城乡教育均衡发展

在国务院召开的经济发展会议中，多次提到促进城乡均衡发展，城乡均衡发展就是在统筹城乡发展的背景下，实现人力、物力、财力和智力资源的统筹安排和协调发展。主要任务是健全和完善统筹城乡发展的社会保障机制，完善城乡的社会公共服务体系，为城乡居民提供均等化的基本公共服务。

在促进城乡均衡发展的过程中，促进城乡教育均衡发展是实现均等化公共服务项目之一。由于长期城乡二元结构，导致城乡教育不能均衡发展，笔者经过查阅资料，认为城乡教育均衡发展才能逐渐缩小城乡差异，加快城乡教育一体化。笔者认为"均衡发展"是相对的概念，最早出现在经济学领域，主要用于描述经济发展模式。如果从价值取向上看，教育领域的均衡发展是倡导教育公平的理想化状态；从教师管理主体的政策看，教育均衡发展是教育公平的主要标志，均衡发展是义务教育的主要表现和必然结果。因此，城乡教育均衡发展的本质是在正常的受教育群体之间平等地分配资源。另外，教育均衡不是为了追求均衡，一味要求教育群体之间走"平均主义"路线，重点是考虑地区资源禀赋和经济发展基础，在交通与信息条件差异性的前提下，政府通过差异化的政策手段来分配教育资源，支持薄弱地区促进教育事业的发展，缩小省域之间、地区之间和学校之间的差距，这才是教育均衡发展的目的。

## （四）义务教育

世界上多个国家出台了义务教育制度，义务教育被称为免费教育，本质是国家根据法律对适龄人口实施一定年限的强迫教育制度。同时与义务教育相关性较大的概念是基础教育，基础教育是指对适龄儿童实施知识传授的过程，主要传授文化类基础知识、行为规范、生活习惯和价值观等。义务教育或者基础教育是为适龄儿童和青少年提供基本技能的阶段，帮助儿童养成良好的行为习惯和树立正确的价值观。但是二者又有着本质的区别，国家义务教育主要强调教育的提供方式，政府为这一阶段的儿童提供基本的教育，为实现教育公平对其统一安排，并通过法律来保障。所以，义务教育是一种教育制度，相比之下基础教育并没有强制的成分。依据全球各地的经济社会发展水平，由于国家或者地区对义务教育的重视程度，在世界范围内的义务教育年限也各不相同。我国根据儿童和国家的发展，实行九年义务教育制度。

## （五）教师资源

关于教师资源的概念在学界有着多个解释，但是尚未形成统一的概念，朱吴琼（2019）认为教师资源是指"人力资源"[①]，在学校建设过程中，教职工是教育资源的重要组成部分，教师不仅在讲台上教书育人，还要塑造学生的人格，规范学生的思想，教育学生树立正确的价值观的执行者。秦桂芳（2010）将教师资源视为实现教育目标所投入的一切外在和潜在的、有

---

① 朱吴琼.合肥市城乡义务教育资源配置现状及对策研究［D］.合肥：安徽大学，2019.

助于教师专业发展的资源要素的总称①。苏涛（2020）指出教师人力资源是教育发展的关键，主要从教师的专业素养和教师能力上体现出办学效益和社会认可度②。张光辉（2007）从显性和隐性的角度定义教师资源，教师的显性资源包括教学科研人员，是学校内部的资源；隐性资源包括高校外聘的学者，属于学校外部的教师资源③。徐国成（2010）认为教师资源分为三个层次，第一个层次是身体健康能够从事脑力劳动，第二个层次为具有一定的知识、经验和技能，能够传授知识和引领学生树立正确的价值观；第三个层次是在第一个和第二个层次基础上形成的具有教学科研、思政、管理能力的复合型人才④。

笔者认为教师资源是在办学过程中教师在教学和管理中的基本素质和能力，以及在学校以外教育学生形成的影响力。其一是具备的教育思想和理念。要认识教师从事的工作关系着国家的发展和民族的未来，关系到每位教师的生命价值和对社会的贡献，做到以素质教育为本，参与教育科研，在教育活动中不断地完善自我和形成具有影响力的教育教学风格。其二是良好的教师职业形象，教师的职业形象主要体现在爱岗敬业，提高自身的思想品德修养，热爱自己的学生和所教授的学科，达到为人师表和言传身教的基本要求。其三是具备多元的知识结构，教师不仅能掌握单一学科的知识，更应该掌握渊博的知识来教育学生。其四是多向的教育交往，与学生构建起"教学相长"的平等师生关系，与其他教师的相互合作，相助支持的合作关系，多与家长沟通，与社会有关人员进行合作与沟通。其五是完善的能力结构，教师要不断加强学习，增强教师的教学能力和科研能力。其六是教师要具备乐观的心态和健康的心理素质。

## （六）教师资源配置

在《辞海》中将"资源"定义为一个国家或者地区拥有的人力、物力、财力等各种物质要素的总称，包括自然资源和社会资源两大类，在

---

① 秦桂芳.教师教育资源概念疏解［J］.教育科学，2010（1）：75-79.
② 苏涛.教师人力资源配置合理性研究［D］.上海：华东师范大学，2020.
③ 张光辉.高校教师资源优化配置［D］.南京：南京航空航天大学，2007.
④ 徐国成.中国高等学校教师人才资源开发模式构建研究［D］.长春：吉林大学，2010.

《新华字典》中资源是生产资料和生活资料的总称，是人类赖以生存的基本能源。进一步讲资源分配的概念，笔者比较认同以下学者的定义。美国萨缪尔森指出，在经济学领域资源具有稀缺性的特点，不论是人力资源，还是非人力资源，它的数量都是有限的，资源配置的问题就是将有限的资源进行合理地分配[①]。王世忠（2013）从两方面来定义资源，一方面是事物的来源，另一方面是某种事物对于其他事物的发展起到一定的促进作用形成的必不可少的条件，如教育发展更多需要教师资源，不是专门用于生产的机器设备，而是推动经济建设发展的人力资源[②]，而资源配置就是将资源合理化利用，为推进经济社会发展创造条件。申继亮（2006）指出教师资源管理是一项管理活动，需要运用科学手段和方法对教师进行培训和调配，在必要的时候对教师的心理问题进行有效的疏导，激发教师的主观能动性和积极性[③]。胡永新（2008）从学校的层面定义教师资源配置，他认为教师资源配置是学校作为管理主体，运用现代科学方法对教师进行管理的动态过程，主要是对教师甄选、培训、组织，以此来提升教师专业素养，提高教育教学质量[④]。

笔者认为教师资源是社会发展过程中人力资源的重要组成部分，具有主观能动性和创造性的特征，教师资源是在经过教育管理部门，对其进行培训、组织、协调和心理疏导等多项活动中达到卓越管理的基本目的。因此，教育资源的合理分配直接影响学校的教学质量、办学效益和社会认可度。加强教师资源的合理分配和有效组织，实现教育资源的差异化管理，是实现教师资源有效分配的合理化手段之一，这对党的教育事业的健康有序发展具有重大的意义。

---

① 保罗·萨缪尔森，威廉·诺德豪斯.经济学[M].第十九版.北京：商务印书馆，2014.
② 王世忠.教师专业化与中小学教师配置研究[M].北京：世界图书出版公司，2013.
③ 申继亮.教师人力资源开发与管理——教师发展之源[M].北京：北京师范大学出版社，2006.
④ 胡永新.教师人力资源管理[M].杭州：浙江大学出版社，2008.

## 四、城乡义务教育资源均衡配置标准

### (一)师资均衡配置标准

在统筹城乡发展的过程中,在此需要说明教师资源配置问题,根据教育部在2001年颁发的《关于制定中小学教职工编制标准的意见》,国内中小学教师、职员、教辅人员等,由于教师直接从事教育教学工作,根据高中、初中、中学等不同教育层次,以及城市、乡村等不同地域,依据学生总数设置一定配置标准[①](表2-1)。通常情况在城市范围之内高中、初中、小学的师生比分别为1:12.5、1:13.5、1:19,县镇分别为1:13.0、1:16、1:21,农村分别为1:13.5、1:18、1:23。

表2-1 教育部关于中小学教职工编制标准

| 学校类别 | 高中教职工与学生比 | 初中教职工与学生比 | 小学教职工与学生比 |
| --- | --- | --- | --- |
| 城市[②] | 1:12.5 | 1:13.5 | 1:19 |
| 县镇[③] | 1:13.0 | 1:16 | 1:21 |
| 农村 | 1:13.5 | 1:18 | 1:23 |

资料来源:根据教育部发文整理。

### (二)宁夏回族自治区义务教育阶段师资配备标准

在2011年宁夏回族自治区教育厅、发改委、财政厅和住建厅联合制

---

① 中央编办、教育部、财政部.关于制定中小学教职工编制标准的意见[R].2001.
② "城市"指的是省辖市以上大中小城市区。
③ "县镇"指的是县(市)政府所在地城区。

定《宁夏回族自治区义务教育阶段学校办学基本标准（试行）》。该标准详细地说明了关于义务教育阶段的师资配备标准。首先，在义务教育的岗位设置方面，根据教学工作的实际需要，在普通初中教师岗位总量的比重一般不低于85%，管理岗位和其他岗位不超过15%。普通小学教师岗位总量比重一般不低于90%，管理岗位和其他岗位不超过10%。按照宁夏回族自治区的编制标准，教师资格制度和职业资格制度规定，在为学校配备合格专任教师时，小学补充新教师必须具有大学专科及以上学历，初中应该具备本科及以上学历，而且专任教师的年龄、性别、职称和学科等结构要合理。教师要按规定参加国家和自治区规定的岗位培训，逐步提高学历和业务水平。

## 五、本章小结

本章主要对国内外教育资源配置、教师资源均衡发展的合理性、教师资源配置失衡的原因进行总结和归纳，并对其述评。首先，发现以往关于城乡均衡发展的相关研究，对于现实的研究具有重要的指导意义，但是随着时代的发展还是要与时俱进。国外关于教师资源配置已经有很多成功经验，由于国外与我国的国情具有很大的差异，需要根据本国的国情来合理配置教师资源。其次，界定了城乡教育一体化和教师资源均衡配置相关概念，从概念上分析和厘清教育资源配置的合理性和教师资源均衡分配标准，从多个角度理解教师人力资源的内涵，为后续研究奠定理论基础。

# 第三章 研究基础理论

# 一、公共产品理论

## （一）公共产品的理论内涵

### 1. 公共产品的定义

在经济学领域，著名经济学家萨缪尔森将公共产品定义为每个人消费这种产品不会导致别人对该产品消费的减少[①]。还有部分学者将公共产品定义为由政府提供的用于满足社会公共需求的产品和劳务。公共物品对应的是私人物品，私人物品是在供需双方达成一致的背景下，将产品由一方转移给另一方，私人物品具有一定的排他性和竞争性。笔者认为公共产品是在没有排他性和竞争性的基础上，由政府提供用于满足人类需求的各类公共产品，是每一个人都可以使用的公共资源。

### 2. 公共产品理论的拓展

首先，关于公共产品领域理论的起源，最早可追溯到英国学者托马斯·霍布斯（Thomas Hobbes）出版的《利维坦》专著中，重点分析了公共产品的利益和效用由个人享有，但是作为单一个体的每个人却难以提供，仅是政府和国家，或者集体才能提供，这是公共产品思想的萌芽[②]。亚当·斯密从经济学的角度阐述了公共产品的基本思想，1776年亚当·斯密出版的《国富论》指出[③]，作为君主必须执行的三个职能或者功能，其一是维护和保护国家的安全，其二是保护国内人口在社会运行中的安全，其

---

① 高鸿业.西方经济学［M］.北京：中国人民大学出版社，2003.

② 保罗·A.萨缪尔森，威廉·诺德豪斯.经济学［M］.第十四版.北京：北京经济学院出版社，1996.

③ Adam Smith.The Wealth of Nations［M］.OXford University Press，1996.

三是建立并维护公共机关和公共工程。随后约翰·穆勒在他的《政治经济学》中以灯塔为例,从消费的公共性和供给的限制性两个维度,阐述了政府提供公共产品的必要性和合理性,以上研究说明公共产品在学术领域有了初步的萌芽和拓展。

其次,在1954年萨缪尔森出版的《公共支出的纯理论》中,论述了公共产品论,利用计量经济学领域的序数效用、无差异曲线、一般均衡分析等数学工具,分析公共产品最佳供应,构建了一个关于资源在公共产品与私人产品之间的最佳配置,由此达到社会福利最大的一般均衡模型,即萨缪尔森模型。随后关于公共产品的研究达到前所未有的高潮,尤其是在20世纪50年代,美国经济学家理查德·阿贝尔·马斯格雷夫(Richard Abel Musgrave)出版的《财政学原理:公共经济学研究》中,首次使用了"公共经济学"一词,随后多部经济学家的论述逐渐将财政学改为"公共经济学"[①],从此公共经济学作为一门独立的经济学分支学科被构建起来,使得公共产品理论得到了进一步拓展。

最后,国内关于公共产品的论述,从财政学的角度,有学者认为公共产品给全社会成员带来的利益大于生产成本,私人不能提供这种产品主要是因为公共产品具有非竞争性和非排他性。因此,公共产品具有"搭便车"现象。从经济学的角度看,基于博弈论和信息经济学的视角,认为公共产品理论是经济学,而不是政治学的原理。从现实意义上讲,我国在召开党的十四大以后,党中央宣布构建和完善市场经济体制,学术界开始利用公共产品理论分析制度变迁,分析市场与"公共选择"两种资源配置方式,将改革作为制度变迁与公共选择的结果。还有部分学者定义乡村公共产品,认为乡村公共产品区别于城市公共产品,是政府投入给乡村、农业和农民,为了满足生产生活需要的,具有一定"典型特征"的产品或者服务的总称[②]。

### 3. 公共产品的判定步骤

根据公共产品的基本特征,笔者在判定公共产品的基本属性时,可以按照以下步骤来判定一种物品是否具有公共产品属性(图3-1)。判定该物品在消费属性上是否存在竞争性,如果具有私人物品的竞争性,将会做

---

① 王爱学,赵定涛.西方公共产品理论回顾和前瞻[J].江淮论坛,2007(4):7-15.
② 吴士健.试论农村公共产品供给体制的改革与完善[J].农业经济问题,2002(5):11-15.

进一步考虑是否具有排他性等属性,如果具有排他性,则该物品属于私人物品。如果该物品既具有非竞争性,又具有非排他性,则属于纯粹的公共产品。如果该物品具有竞争性,但是兼具非排他性,或者该物品具有排他性,但不具备竞争性。简而言之,该物品仅具有其中一种特征,笔者将其定义为准公共产品(Quasi-public goods)或者混合产品(Mixed goods)。

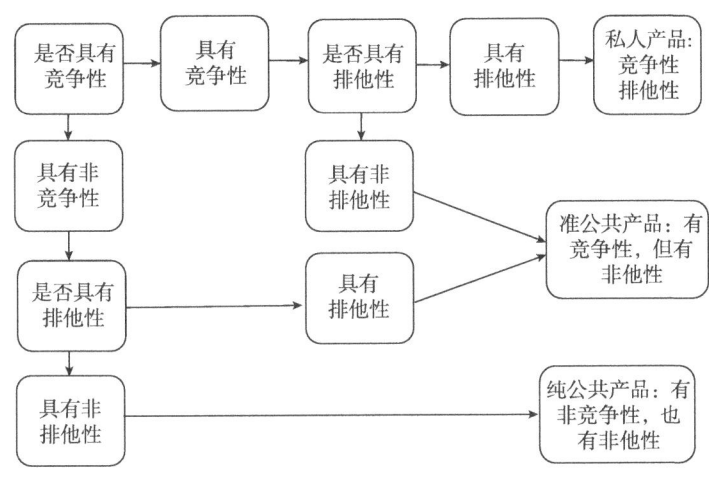

图 3-1　公共产品识别过程(自绘)

### 4. 公共产品的分类

依据以上对公共产品的判定方法,在经济社会发展过程中,根据物权划分,可将公共产品划分为三大类,即纯私人物品、纯公共产品和混合产品(表3-1)。

表 3-1　公共产品类型划分

|  | 排他性 | 代表物品 | 非排他性 | 代表物品 |
| --- | --- | --- | --- | --- |
| 竞争性 | 纯私人物品:具有排他性和竞争性,由私人企业生产,通过市场分配,从市场买卖过程中获利 | 衣服<br>食品<br>书籍 | 混合产品:是集体消费,具有竞争性和非排他性,由私人企业生产或者提供,通过市场或者国家预算分配,从销售中获得收入,或者从税收收入中获利 | 公园<br>游泳池<br>城市绿地 |
| 非竞争性 | 混合产品:具有外部性的私人产品,由私人企业生产,通过市场分配,通过销售收入获得所需资金 | 交通系统、社会保障、接种疫苗、有线电视 | 纯公共产品:具有较高的排他成本,直接由政府生产或者私人企业根据政府合同来生产,通过预算分配,从国家税收中直接拨款 | 国防<br>外交<br>社会治安 |

资料来源:笔者根据相关资料整理。

一是纯私人物品。私人物品具有一定排他性和竞争性，该物品的效用被私人物品的持有人独占，仅限于私人使用，如衣服、汽车、住房。

二是纯公共产品。主要用于满足公共需求，并具有完全的非排他性和非竞争性，如国防事业、路灯、航标等属于一种典型的纯公共产品，消费方面具有非排他性和非竞争性，是完全由政府提供的用于满足公共需求的基本产品。

三是混合产品。混合产品主要是在一定程度上用于满足公共需求，还能满足私人需求，但是这种物品具有一定排他性或者竞争性，如教育、文化娱乐、有线电话、城乡道路等物品，都属于典型的混合产品。

**5. 教育公共产品定义**

通过分析公共产品的内涵可知，教育公共产品提供教育产品有助于人类素质的提升、社会的进步和经济的发展。从某种意义上说，教育的受益具有一定的"公共性"，属于典型的公共产品，而对于任何个体来讲，受教育程度的影响，有利于社会地位的提升和经济收入的增加，带动个人家庭和谐和社会进步。因此，教育又具有"私人性"，属于一种私人物品，主要是教育又具有排他性和竞争性。在实践中，部分混合商品在消费领域具有竞争性，存在"消费拥挤"的可能性，可以用数学函数表示：

$$U_g = \frac{G}{N^a} \qquad (3.1)$$

式中，$U_g$ 代表个人消费商品 $g$ 的效用；$G$ 代表商品 $g$ 的总效用；$N$ 代表消费商品 $g$ 的人数；$a$ 代表拥挤系数。根据公式 3.1 分析可知，出现几种假设：

当 $g$ 为纯公共产品时，则 $a=0$，$N^a=1$ 时，每个人从商品 $g$ 中得到的效用不受消费者人数的影响。

当 $g$ 为纯私人产品时，则 $a=0$，$N^a=N$ 时，每个人从商品 $g$ 中得到的效用为 $G/N$，随着消费人数的提升将会影响每一个人消费的满意程度。

当 $g$ 为混合产品时，则 $0<a<1$ 时，每个人获得的效用将会随着消费人口的增加而减少，但效用减少的比重小于消费人口增加的比重。总而言之，一种商品之所以称为混合产品，其一是因为它能在某种程度上满足公共需求，又能在一定程度上满足私人需求；其二是混合产品在某种程度上又具有一定的竞争性或排他性。

## （二）公共产品的属性与供给

### 1. 公共产品的属性

依据萨缪尔森对公共产品的定义，公共产品具有四大特征：一是不可分割性，公共物品是向整个社会提供的，具有共同受益的特征，是全社会共同享用，而不能将其分割为若干部分，如国防、外交、治安等最为典型；二是消费的不排他性，即某个人、家庭或企业对公共产品的享用，并不影响和妨碍个人、家庭或企业同时享用；三是受益的非排他性，私人产品拥挤是占有人才可以消费，本着"谁受益、谁付款"的原则，形成的一种存在于空间和物权转移的事物。然而，任何人消费的公共产品不排除他人消费，因而不可避免地出现"搭顺车"现象，任何人不得不消费他（非拒绝性），恰好消费相同的数量；四是消费的非竞争性，消费的非竞争性是增加一个消费者消费这种公共产品，并不增加消费该种产品的成本，也就是其他边际成本等于零，具有这种特征的产品被称为消费的非竞争性。如不拥挤的桥梁，非满员的火车车厢，未饱和运转的计算机，不拥挤的国家公园等。

### 2. 公共产品的供给

公共产品的特性决定公共产品供给中的"公地悲剧"和"免费搭车"现象。政府是公共产品的主要供给者，在此笔者充分考虑政府提供公共产品的效率和公平的问题，同时市场也可以提供公共产品和服务，两者都是以政府为主、市场为辅的发展模式。目前，多数国家在提供公共产品过程中，主要采取三种方式，即公共提供方式、私人提供方式和混合提供方式[1]。

---

[1] 张宏军.西方公共产品理论溯源和前瞻——兼论我国公共产品供给的制度设计［J］.贵州社会科学，2010（6）：122-126.

## （三）教育资源的公共产品属性

### 1. 教育的产品属性

教育是教育管理者依据社会的具体要求，有目的、有计划、有组织地对受教育者的思想进行教育和引领，为社会培养有用人才的活动。在学术界对于教育产品的属性有着不同的认识，如阿特金森和斯蒂格利茨两位学者认为教育是"公共供应的私人产品"，萨缪尔森将教育产品认定为准公共产品。我国对教育产品的属性归纳为三种：一是认为教育是纯公共产品，让每一位儿童都能接受教育，完全由政府提供义务教育和特殊教育资源；二是认为教育资源是准公共产品，主要考虑到教育资源的拥挤性，具有排他性和竞争性等属性，主要表现在高等教育和职业教育上；三是认为教育是私人产品，如各种私人性质的培训机构，主要是由市场来供给和销售。笔者比较赞成依据教育类型和特征来定义教育公共产品的属性。

### 2. 城乡义务教育的公共产品属性

根据国家义务教育法可知，义务教育是对法律规定的学龄儿童和青少年提供一定强制性教育制度，具有强制性、公益性、基础性等属性。在国家教育发展战略中，义务教育制度设计属于一种强制性制度安排，是由政府免费向受教育者提供的公共产品。因此，不存在个人付费和受益的因果关系，更不存在因个人不愿意付费而将其拒之义务教育之外的可能。因此，多数学者认为义务教育在某个程度上属于纯公共产品，理应由政府提供。进一步讲，义务教育对社会经济发展有着巨大的贡献，可以提升劳动生产率和增加国民素质，增强综合国力，具有深远的意义。因此，多数国家都将义务教育纳入社会发展的公益事业之中，视义务教育为一项社会责任。虽然世界各国对义务教育的年限规定不同，但是从公共产品发展的角度提供强大的财力支持和制度保障。

### 3. 城乡教师资源的公共产品理论拓展

通过以上分析可知，教育资源如果是在完全免费的情况下，属于公共产品，像朝鲜的全民免费教育和我国义务教育是没有竞争性和排他性，谁都可以享用，但是对于高等教育，虽然各国已经给予了多份补贴，但是还是存在一定竞争性和排他性,所以教育资源又是一种准公共产品。针对城乡教育涉及小学教育和初中教育,针对学龄儿童和学生都有接受教育的权利,教育费用都是由国家财政直接拨付,但是基础教育在不同地区和不同学校之间的资源分配过程中,资源分配不公平现象常常存在,尤其是教育类的公共产品,是教学质量提升的重要保障,更是提高国民素质的重要保障。基于公共产品理论,增加教师公共产品的有效供给,促进城乡教育平衡的同时,政府有责任和义务实现教师资源的均衡分配。在将教育作为一种公共产品时,学校管理者、教师、学校等教育供给的主要影响因素,发挥着教育资源调节和分配的主动性,政府需要合理分配教师资源,这样才能有效支撑公共教育资源的均衡化供给。

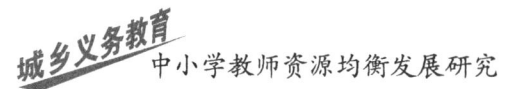

# 二、教育公平理论

## （一）教育公平理论的发展

在我国春秋战国时期，著名教育家和思想家孔子在《论语·卫灵公》中就提倡"有教无类"，倡导"无产阶级教育"，体现了古代朴素的教育公平观念，让平民百姓的子弟也能接受教育，实施"因材施教"，根据学生不同的性格，采取不同的教育方法，提升教学效果。

在国外教育公平理论的发展中，古希腊的公民教育隐含了民主教育的思想，典型代表是柏拉图提出实施初等义务教育的观点，以及亚里士多德提出的通过法律来保证公民自由的教育权利。17世纪捷克教育学家夸美纽斯提出"把一切知识教授给一切人"的泛智教育。18世纪末，教育公平思想在西方国家以立法的形式来实现。19世纪伟大的思想家马克思提出"教育是人类发展的正常条件和每个公民的真正利益"，主要表达的是公民都应该接受正常的教育，实现教育公平目标。

## （二）教育公平基本内涵

1960年12月，联合国教科文组织大会重新阐述了教育公平的概念，即消除歧视和不平等，"歧视是指基于种族、肤色、性别、语言、宗教、政治见解、民族或社会出身，以及家庭条件之下的任何差别，排斥或者限制或者给予某些人优先权，其目的在于取消或者减弱教育中的不均等对待"。1972年，美国学者詹克斯等对美国教育机会均等问题进行深入分析，提出教育机会不公平主要表现在以下三个方面，即教育资源的不公平、学生入学机会的不公平、学生选择课程机会的不平等。还有学者提出"补偿性教育券"模型,为促进教育公平找到了新的解决方式。1971年美国学者约翰·罗尔斯认为,任何人都有平等接受教育的权利,根据级别和补偿原则保证教育资源公平分配,主要让弱势群体充分享有教育资源。诚然,从文化价值的角度来分析,每一位社会成员都应该免费接受义务教育,享有公平的教育权利。美国法理学家罗德纳论述了"资源平等论",他认为联邦政府应该对全体社会成员一视同仁,为其提供平等的教育机会,重要的是将教育资源均等分配。

在中华人民共和国成立以后,《共同纲领》确定了"民族的、科学的、大众的"新民主主义的教育方针,体现了我国领导人较为重视教育公平。从2006年起,我国西部乡村教育的小学、初中学生免交学杂费,中等职业教育贫困家庭学生可以申请助学金,实现社会公平和教育公平。党的十六届三中全会以后,提出建设社会主义和谐社会的宏伟目标,重点指出教育公平有利于提高国民素质、促进经济和社会发展。促进教育公平是建设社会主义新时代的基本目标,对促进精准脱贫和实现城乡统筹发展意义重大。笔者认为教育公平是在建设和谐社会的基础上,政府不分种族、民族、肤色、家庭出身为全社会成员分配教育资源的一个过程,涵盖了人们对教育特殊社会功能的认识。

在现代教育发展过程中,社会发展的公平与效率处于两难选择的状态,教育发展面临着类似的困境,但是与社会、经济领域最大的区别是教育公平有一定的自身特殊性。在教育权利平等的前提下,公平对待每一位同学,让他们享受同等的教育资源和教学手段。但在现实中,城市里的孩子相比农村孩子享受到更好的教育资源,贫困地区的学校没有资金来修建校舍,以及聘请更多素质好的教师来此参与教学工作,种种案例显示出一种社会问题——教育不公平现象。

## (三)教育均衡理论发展背景

1966年美国教育学家科尔曼在他的调研报告[①]中指出,教育机会均等化应该包括以下方面的内容,一是进入机会均等,二是参与机会均等,三是教育结果均等,四是教育生活环境均等。在科尔曼报告发表以后,政府

---

① 詹姆斯·科尔曼.科尔曼报告:教育机会平等[M].上海:华东师范大学出版社,2019.

和学术界开始调整教育方法，一方面是重视学校教育质量评估，另一方面是重视学校背后的家庭教育。在发展过程中，为了进一步提升教育质量，需要学校管理和教师资源的均衡发展，才能在学生进入机会、参与机会、教育结果和教育生活环境上实现公平。

目前，在学术界对教育均衡发展的主要观点有主要层次论、条件论和阶段论。层次论是在教育均衡发展基础上，三个层次相互关联，一是保障每个人都具备享受教育的权利，二是每一位接受教育者都能得到相对平等的教育机会，三是教育成功机会和教育效果的相对均衡。条件论是在地区办学条件和教师资源的均衡分配，以及生源的均衡配置。阶段论是在教育均衡发展的过程中，分为教育机会的低水平均衡阶段，教育条件的初级水平均衡阶段，后期教育机会高级水平均衡阶段。

## （四）教育均衡理论的核心要义

一是教育均衡的内涵。在教育要素的配置过程中，扩大教育规模和结构不断优化，涉及教育资源的优化配置，硬件方面主要包括校舍、师资、教育技术、生源等多个方面，这就涉及公平分配的问题，包括地区之间的公平分配，城乡之间的公平分配。由此可知，教育均衡发展的实质是在硬件上实现师资、校舍、生源和教育经费的优化配置，实现教育公平。值得考虑的是教育均衡发展不等于平均分配，是教育资源的相对公平，不是教育资源的绝对公平。

二是教育均衡水平评价。教育均衡发展不是所谓的教育资源的平均分配，经过实践可知教育均衡水平主要包括三层含义：其一，在教育资源总量上提升，学校办学条件、办学规模及教师资源在数量上能够满足生源的基本需要；其二，教育资源差距缩小，主要是在区域之间、城乡之间和学校之间的差距逐渐缩小；其三，教育资源的特色发展，主要表现在城乡之间、区域之间和学校之间的办学特色。基于以上三方面的均衡发展水平，衡量地区之间办学资源均衡分配。

三是教育均衡发展的层级。主要从微观、中观、宏观三个层次上考虑。其一，在微观层面上，教育均衡发展涉及一线教学机构的课程内容、教育质量和教育评价的均衡，是教育均衡的具体化，属于实质性和内在的教育均衡，反映整个教育体系的实质性和内涵式的教育质量和教学效果；

其二，在中观层面上，教育均衡是指城乡均衡、校际均衡、区域均衡等，主要反映省级、地区、城乡之间教育资源的均衡配置；其三，在宏观层面上，教育均衡主要反映在国家或者地方受教育者的教育权利的公平和教育机会的均等，以及在经济社会发展过程中相互协调发展等。

## （五）教育均衡发展视角下的教师发展

一是教育均衡发展的终极目标是实现教育公平，而教育公平的实质反映在教育资源分配上，教育资源公平分配不等于平均分配。教育公平是一个实质性概念，属于客观上的资源分配结果和状态。通常情况下教育公平分为起点、条件、过程、结果公平[①]。

第一，教育起点公平。主要是城乡教师在人才招录和引进方面应该实现城乡门槛一致，尽量向乡村师资力量薄弱地区倾斜。经过笔者考察和走访，乡村师资力量薄弱学校无论是在未来职业规划和教学条件方面，都很难引进新的教师，由于师资力量薄弱，为了满足师生开课需求，需要临时聘用乡村代课教师。

第二，教育条件公平。在城乡教师分配方面，乡村学校的教学力量薄弱，职业发展前途渺茫，教学环境、生活环境、工资待遇都远远不如城市学校，导致城乡之间的师资力量出现结构失衡。乡村教师"一人教多个班"的现象屡见不鲜。因此，建议政府在为乡村招录和聘用新教师时，实现教师数量的公平分配。我国在2006年实施免费师范生政策以后，要求学生在毕业以后进入乡村教学机构工作至少5年，给予编制和落实各项工资待遇，使得城乡之间的教师待遇逐渐缩小，甚至部分乡村地区的教师工资高于城市学校教师的待遇，进一步缓解了城乡教师分配不公平的问题，但是现实之中还有很多地区乡村地区教师数量非常短缺，尤其是老少边穷地区。

第三，教育过程公平。主要是在教师培养方面的公平，在区域层面，乡村地区的教师队伍建设既要输血，又要造血。通过短期培训和教师教研来提升教师素质和优化教师结构。

---

① 何二林. 城乡教育队伍均衡发展的理论基础及制度构建[J]. 科教导刊, 2018 (11): 32-34.

第四，教育结果公平。通常情况下教师评价主要通过两条途径，其一，做到工资上的优化，根据按劳分配和多劳多得的原则，实施绩效工资政策，让乡村教师获得更高的经济收入，激发乡村教师的积极性。其二，在城乡之间的教师职称方面，原则是"能者居之"，乡村教师在教学效果评价、教学科研和社会影响力方面，与城市学校教师相比显然是"弱势群体"，因此，在职称晋升方面向乡村教师倾斜，给予更多支持和关爱。

二是教育公平视角下教育资源分配的三个原则，主要包括平等原则、差异性原则、补偿性原则，现将教育公平视角的三个原则阐述如下。

第一，平等原则主要是指教育权利和教育机会的公平化，主要是在城乡教师队伍的建设过程中，在学校录用新的教师、教师岗前培训、继续教育、教研机会、教师职称评定方面在城乡之间应该实现公平。

第二，差异性原则是依据受教育者的个人情况实施差异性教育，依据不同情况进行区别对待，尤其是在教师队伍建设方面，其一，在师资数量分配上，根据乡村学校的特别需求，引进不同层次的教师。其二，在教师培养和教研方面，针对乡村观念落后、教学方法陈旧和教学设备缺失等多种不利因素，因材施教，在培训内容和培训方法上给予特殊关注。其三，在教师评价上依据乡村特殊教育背景，构建起适合乡村教师职称评审体系。

第三，补偿性原则是依据地区经济发展情况，主要关注在社会经济发展过程中处于不利地位的受教育者，给予更多教育资源的补偿和支持。其一，在教师引进方面，招录骨干教师缓解乡村教师的不足。其二，在乡村教师培训和科研方面，给予经费保障，促进培训项目的实施。其三，在教师职称评审方面，为乡村教师留出专项名额，在同等条件下优先考虑乡村教师的职称评审。

## 三、资源配置理论

### (一) 资源优化配置的内涵

#### 1. 资源配置的内涵

首先,在社会经济发展的过程中,人力资源与非人力资源的数量都有限,若想解决人力资源的现实问题,需要将有限的资源合理分配到国民经济的各个部门之中,让其在效率最优化和最大化的背景下得以使用,资源优化配置理论正是基于以上考虑,通过科学合理地配置有限的人力资源,实现买方需求和卖方供给的相对均衡,从而实现各项要素的均衡发展。

其次,教育资源配置可以理解为将教育资源分配到教育系统内部的各个组成部分,包括社会总资源对教育资源的分配,教育资源在区域之间的分配,教育资源在城乡之间的分配,教育资源在教育系统之间的分配,教育资源在教育内部各级各类学校之间的分配。因此,教育均衡发展需要合理配置教育资源,教育均衡发展的目标就是促进教育需求和教育供给之间实现相对均衡[①]。

#### 2. 资源配置的基本方式

首先,资源配置的基本目标是在不同社会、不同生产方式下,对资源配置的选择各不相同,但是总体目标是最优化。在现代的经济条件下,可供选择的资源配置方式有三种:一种是以行政手段为基础的计划式资源分

---

① 翟博.教育均衡论:中国基础教育均衡发展实证研究[M].北京:人民教育出版社,2008.

配方式；另一种是以市场机制为基础的市场资源配置方式。诚然，除了以上两种方式外，还有第三种分配方式，就是伦理道德等社会文化影响下资源分配方式[①]。

其次，教育资源属于社会资源的一种，利用市场和行政两种配置方式来进行分配，但是两种方式如何进行有机结合，一直是教育领域争论的话题。当今教育学研究领域的王红博士研究教育资源配置等问题，即资源配置的不同方式就其基本内涵而言，便是消费方式与生产方式的不同组合。因此，资源分配可形成四种组合方式（表3-2）。

表3-2 资源配置的基本方式

| 配置方式 | 公共生产 | 私人生产 |
| --- | --- | --- |
| 政府提供 | ① | ③ |
| 私人提供 | ② | ④ |

资料来源：作者根据相关资料整理。

在表3-2中，①、③两种分配方式可以认为是对公共产品的配置方式，进一步讲，公共产品是由政府提供，可以分为公共生产和私人生产。例如在社会上私立小学由政府出学费，学生在就读的时候是免费的，允许义务教育阶段私立学校的存在，就是默认了这种私人生产。

教育资源配置方式由教育产品服务的性质决定，它的外溢性和公益性越大的教育产品，政府在资源配置中发挥的作用就越大；反之，私人承担的成本就越大。义务教育由它的属性决定资源配置方式由政府来主导。因此，政府如何合理地配置教育资源，关系到义务教育的质量和发展。

---

① 严清华，刘穷志.第三种配置及其路径偏好［J］.武汉大学学报（哲学社会科学版），2001（3）：298-302.

## （二）教育资源优化配置理论

### 1. 教育资源优化配置的基本内涵

教育资源的优化配置是教育资源合理分布，保障人力、财力、物力之间实现最佳组合，以此来取得最佳的办学效益。资源优化配置的主要内容有：一是合理配置，主要是政府、社会、个人、地方财政和学校内外部教育资源总量的合理配置。二是减少浪费，是指减少不必要的人、财、物等资源的浪费，降低生均成本。三是提高使用率，用有限的资源培育出更多的人才。四是增加科技含量，合理有效利用智力资源和无形资产，利用科技推动生产力。

### 2. 教育资源优化配置的基本原则

研究教育资源优化配置的过程，就是以公平优先和统筹兼顾为基本原则，达到资源最优化的目的。

一是公平优先原则。在教育资源配置时，受地区教育投入、经济、文化等因素的影响，在城乡、区域学校之间的资源配置上存在着较大差异，受教育者享有的教育资源具有较大的不公平。在教育资源配置时，需要充分考虑公平的原则，科学、合理和有效地配置教育资源，以此来满足不同地区办学的需要，保障落后地区的高质量发展。

二是统筹兼顾原则。公平优先不等于平均或平等，主要是坚持优先的原则，促进教育资源在优化配置的基础上，实现统筹兼顾地区、学校、学生的实际情况，做到因地制宜、因势利导和分层实施，满足不同地区的发展需要。例如地区之间发展实力较强的学校和落后的学校，在资源分配时要统筹考虑，实现资源的优化配置和共同发展。

## （三）教师资源优化配置的思考

在城乡之间和地区之间，教育资源是由国家（政府）坚持"公平优先、兼顾效率"的原则分配，但是各个地区经济发展水平、交通信息条件和学校发展实力存在较大的差距，学校与学校之间不论是在教学条件、教学设备等硬件方面，还是教学管理、制度建设等软件方面都存在明显的差距，出现发展实力不平衡的现象。

在教学运行过程中，教师资源是学校发展的核心内容，在乡村地区多数学校的教师出现严重不足，不能像城市一样具备高素质、高学历、高技术的"三高"教师。根据资源分配理论可知，义务教育阶段属于公共产品，完全是由政府来掌控资源的分配，为了促进城乡统筹发展，将公共资源向乡村延伸，将城市的师资力量向乡村学校下沉显得尤为重要，从教育公平的角度缩小城乡之间师资力量的差距。

# 四、城乡一体化理论

## （一）城乡一体化的内涵

### 1. 城乡一体化的定义

城乡一体化是通过建立城乡融合的体制机制，在新型城镇化战略的引领下，构建起以工促农、以城带乡、工农互惠和城乡一体的城乡关系，促进城乡之间形成协调发展和可持续发展的态势，主要目标是实现城乡居民基本权益平等化和公共服务均等化，以及城乡要素配置合理化。

### 2. 城乡一体化的内涵

在我国遇到百年未有之变局的背景下，促进城乡一体化显得尤为重要。城乡一体化就是将工业与农业、城市与乡村、市民与村民视为一个整体，通过统筹谋划和政策调整，促进城乡规划、产业布局、生态环保、社会事业等多个方面实现一体化，逐渐缩小城乡二元结构，实现城乡在政策上的平等和产业布局与发展上的互补、国民待遇上的一致，在城乡之间构建起全面、协调、可持续发展的新业态。

## （二）城乡一体化的历史进程

第一，党的十六大报告明确指出，"统筹城乡经济社会发展、建设现代农业、发展农村经济，增加农民收入，是全面建设小康社会的重大任务"，这是第一次在党的全国代表大会上从全局的角度提出的城乡发展战略，开启了中国经济社会发展的新纪元。随后国内出台了城乡一体化相关政策，重点解决"三农"问题，缩小城乡"二元"结构，公共财政覆盖农村的范围在不断扩大。

第二,在党的十七大上,重点总结了党的十六大以来关于城乡一体化的理论创新和实践成果,在此基础上进一步提出"统筹城乡发展,促进社会主义新农村建设",强调要"巩固和加强农业基础地位,走中国特色农业现代化道路,实现以城带乡的长效机制,形成城乡经济社会发展一体化的新格局"。

第三,党的十七届三中全会作出了《关于推进农村改革发展若干重大问题的决定》,进一步明确了发展战略的指导思想,将建设社会主义新农村作为战略任务,将中国特色农业现代化道路作为基本方向,把加快促进城乡经济社会发展的一体化作为根本战略。同时也提出统筹城乡经济社会发展,始终以构建新型工农城乡关系作为加快社会主义现代化建设的重大战略主基调,实现城乡统筹发展和全面建成小康社会的战略部署。在党的十七届五中全会以后,国家"十二五"规划深入总结了党的十六大以来科学发展和统筹城乡发展成果,提出了"三化同步",即在工业、城镇化深入发展中,同步推进农业现代化的战略构想,从现代农业发展、城乡基本公共服务均等化、乡村事业发展和社会经济事业体制机制创新方面进行重新部署,为加速形成城乡一体化的发展战略指明了方向。

第四,党的十八大报告中,提出实施城乡一体化的发展战略,这是我国经济社会发展战略在实质内容上的一次"质"的飞跃。一是将"三化同步"上升到"四化同步",提出坚持走中国特色新型工业化、信息化、城镇化、农业现代化的发展道路,进一步促进信息化与工业化深度融合、城镇化与工业化深入互动、农业现代化与城镇化的相互协调,促进"四化"同步发展。将农业农村发展真正融入国民经济社会整体发展之中。二是将城乡发展一体化作为解决"三农"问题的主要办法,要加大城乡统筹发展的力度和缩小城乡差距,着力提升农民的收入水平,让广大村民参与到社会主义现代化建设之中,促进城乡共同繁荣。

## (三)城乡一体化背景下教育一体化的思考

### 1. 城乡教育一体化的定义

城乡教育一体化是城乡一体化的重要组成部分,城乡教育一体化是在城乡教育资源均衡分配的基础上,实现城乡教育事业的统一管理、整体推进、平衡兼顾和资源共享,实现城乡教育的均衡发展。

**2. 城乡教育一体化的内涵**

在推进城乡教育资源一体化进程中,主要内容是把统一管理、整体推进、平衡兼顾和资源共享作为城乡教育一体化的主要内容。现对每个方面进行解读。

第一,城乡教育的统一管理。城乡二元结构和城市与农村之间的差距,导致乡村教育事业较为落后,但是在推进城乡一体化进程中,遵循城乡统一管理的原则,从顶层设计上考虑城乡教育一体化的问题,既要关注城乡教育一体化的眼前问题,又要关注城乡教育一体化的长远利益,更要权衡城乡教育一体化建设可能存在的风险和挑战,在落实好国家中长期教育发展规划的基础上,既要促进城乡之间教育事业的协调发展,更要集中力量办大事。

第二,城乡教育的整体推进。在国家推进教育事业改革的过程中,落实各项政策,营造城乡教育共同发展的环境,主要是因为我国城乡关系和教育事业差距较大,在促进一体化管理的同时,更要注重分层和分级别进行管理,实现由省、市、县(区)和乡镇整体推进的模式,促进城乡教育的高质量发展。

第三,城乡教育的平衡兼顾。在城乡教育一体化的进程中,经过不断发展,构建起城乡教育利益共同体和实践共同体,有效地促进城乡一体化中教育资源的平衡。城乡一体化的发展更要注重城乡之间的教育资源均衡,积极构建教育对口支援对策,包括教师对口支援、教学设施支援、教学理念的交流等,维护教育公平,促进整体教育利益的提升。特别是在教育单位格局优化过程中,更要维护教育弱势群体的利益,给予适当的补偿和扶助。主要任务是完善教育发展体系,补齐教育短板,构建起面向城乡一体化教育发展的"立交桥",优化教育结构和布局,搞好城市和乡村的学前教育、义务教育、职业教育的阶段性结构,更要注重学校场所的合理化布局,适应城市和乡村人口布局,确定办学场所。

第四,城乡教育的资源共享。构建起城乡统一的智力支撑体系和教育技术支撑体系,通过信息化手段进行远程教育,进而实现优质资源的共享,对于那些不可分享的资源,以资源下沉和对口帮扶为突破口,扎实推进城乡教育一体化。

## 五、本章小结

本章以城乡一体化为主线，阐述了公共产品理论、教育公平理论、资源优化配置理论、城乡一体化理论。其一，公共产品理论分为公共产品和私人产品，义务教育阶段的教师资源属于纯公共产品，是由政府主导下的资源分配方式，进行统一分配；其二，教育公平理论核心不等于教育均等化，是在区域之间、城乡之间、学校之间的资源均衡分配，实现教育资源的相对均衡，在此需要加强对教师资源、生源、教育经费等项目进行统筹分配；其三，资源优化配置理论将依据"公平兼顾、效率优先"的原则，在分配教师资源时，要依据统筹兼顾的原则，实现教师资源的均衡分配；其四，城乡一体化理论是实现"以工促农"的基本目标，建设社会主义新农村，而城乡教育一体化是城乡一体化的重要组成部分，促进城乡教育资源公平分配，采取统一管理、整体推进、平衡兼顾和资源共享，实现教育资源优化配置目标。

# 第四章 国外城乡教师资源均衡配置经验与启示

## 一、美国城乡教师资源均衡配置经验与启示

### （一）美国乡村小规模学校教师资源分配现状

在美国的国家教育实施战略中，2016 年美国境内 9.8 万所学校中有 4.6 万所为小规模学校，占到全美中小学总数的 47%，其中人数低于 100 人的学校达到了 9 665 所，占总数的 10%[①]，多数分布在乡村地区。由此表明，乡村小规模学校在联邦义务教育事业中具有重要的作用和意义，而在师资配置方面有较多困难。经过调查可知，在全美有 26% 的教师在乡村小规模学校工作 1～2 年以后离开，有 60% 的教师在乡村小规模学校工作 5 年之后离开。基于此，美国各级政府开始反思乡村小规模学校师资配置模式。

### （二）美国乡村教师队伍建设面临的困境

#### 1. 教师生存待遇差和流失率较高

教师资源是教育事业的第一资源，由于人力资源在流动上促进教育资源的均衡，只有在流动中才能提升区域教师的整体素质，有效地促进教育资源均衡和公平配置。但是由于美国城乡之间在信息、环境、经济发展水平具有很大的差距，乡村教师不能忍受较差的乡村环境，导致乡村教师的流失率很高，原因如下。

首先，乡村教师工资待遇较低，在全美公立学校的教师平均工资为 5.3 万美元，但是乡村教师平均工资为 4.7 万元，联邦政府要求各州政府

---

① MARVIN A H. Strengths and needs of first –Year teachers [J]. Teacher Educator, 1986（2）: 10 –18.

对乡村学校进行补贴，截至 2013 年还有 10% 的州政府尚未执行。

其次，由于乡村小规模学校地理位置偏远，如蒙大拿州乡村小规模学校从学校所在地到市区购买基础设施的距离达到了 1 小时。另外，通勤时间较长，严重影响了乡村教师的日常生活。更进一步讲，由于地理位置偏远给乡村教育教学带来巨大的困难。

最后，乡村远离城市导致乡村教师与社会发展严重脱节，使得人际交往和工作成绩很难得到社会的认同，不少乡村新进教师由于理想与现实差距较大，不堪忍受乡村学校的生活和教学条件，导致他们对乡村教师工作岗位不满意度和辞职率较高。经过调查可知，美国乡村地区有 30% 以上的学校教师资源严重匮乏，将近 60% 的新教师在入职 5 年后出现离职[①]。

**2. 乡村师资结构不均衡**

师资结构主要是从学缘、年龄、学历、职称、学校分配数量来表述，基于以上各个要素分析乡村教师发展现状。由于教师资源是教育公平的重要体现，在教师资源配置过程中，需要根据年龄、学历、学科、职称等实际情况来配置教师资源，但是美国乡村教师师资结构不太合理。

第一，乡村教师学历结构失衡，斯达彻（Sutcher）经过研究发现[②]，很难招聘到合格的从教人员，教师供需差距较大，需要降低选拔录用标准，改革教师资格的认证途径，对此扩大了教师选拔范围，导致教师的资质和学历参差不齐。

第二，乡村教师资历结构失衡，由于乡村教师流动率较高，新老教师出现青黄不接，导致乡村教师频繁流动，一些新教师在没有经过正式培训的情况下上岗，所以教学质量较差。外加教师流动性较大，乡村学校需要重新调整教学计划，直接影响学生的学习成绩。

第三，乡村教师性别失衡，对美国 469 名教师认证结果可知，男女教师比例分别为 32% 和 68%，男女教师性别差距在发展过程中将会继续扩大，由于男性教师是稀缺品，不利于儿童的心理和人格健康成长。

---

① Percentage distribution of schools with vacancies by level of difficulty in filling vacancies［EB/OL］. https://nces ed.gov /surveys/ruraled /tables/，2019-03-20.

② RUDE H，MILLER K J. Policy challenges and opportunities for rural special education［J］. Rural Special Education Quarterly，2018，37（1）：22-32.

第四，乡村教师的专业结构失衡，在全美地区有33%的学校分布在乡村地区，但是教育经费总额仅占22%，约占总教育经费的五分之一①，这导致教学资源分配不充足，严重影响了教师专业发展和教师培养计划的实施，致使专业教师留任率较低。

### 3. 乡村教师专业发展不利，教师素质不高

首先，教师的素养或者素质关乎一个地区教育发展的质量和水平，是教师在教育工作中所具备的能力和技能，教育素质的提升必须让教师得到专业的发展。从教师发展的角度看，教师专业的发展注重教师个体知识技能的提升，从教师群体的角度讲，属于一项系统工程，需要教师整体素质的提升，才能提升教师专业素质。从调研情况可知，在全美仅有23%的教师来自全国Top前3名的学校，其中全美仅有14%的教师在乡村学校就职。由于乡村地区师资基础比较薄弱，外加孤立或者半孤立的封闭环境，未能给乡村教师进行系统培训，导致乡村教师素质较低。

其次，在乡村教育中教师的专业发展和职业生涯受到限制，无法享受到作为教师的荣誉和教师素质提升的成就感，一方面乡村教师发展机会非常有限，在美国某个州内经过调研可知，美国乡村教师的合作学习活动参与率仅为61%，相反城市学校参与率达到了90%，乡村教师缺乏参与集体学习的机会，导致教师眼界和视野开放度低。另一方面，乡村教师薪资水平较低，导致乡村教师发展动力不足。原因是乡村教师承担的工作量高于教师正常工作量的两倍或者三倍，但是获得的薪资却低于非乡村地区教师的薪资。在2018年5月美国国家教育统计公布的数据显示，有58%的乡村教师对当前的薪资水平不满意，降低了乡村教师的发展动力。

## （三）美国城乡教师均衡发展的优化路径

在推进城乡教师均衡发展的过程中，美国也开始重视乡村教师队伍的建设，秉承激励和灵活的原则，构建了国家、地方和学校"三位一体"的乡村教师保障体系，以此来促进乡村教师队伍的均衡发展。

---

① BOWLING A M, BALL A L. Alternative certification: A Solution or an alternative problem? [J]. Journal of Agricultural Education, 2018, 59（2）: 22-52.

**1. 国家层面对乡村教师队伍的建设路径**

美国为了完成乡村教师的配置工作，在具备教育资源与经费的基础上，美国开始设立多项基金来促进乡村教师队伍专业发展，提升乡村教师待遇和改善工作环境，为支持各地区乡村教师的专业发展和素养的提升给予极大的支持。

一是设立教师质量专项基金。为了改善教师专业素质和提升教育质量，在2006年设立教师质量专项基金，该基金是由教育部提供给各州的专项资金，主要是用于提高公办和民办中小学和高中阶段的教师在教学、科技、阅读和社会研究等方面的素质，促进卓越教师的专业发展。

二是设立教师质量提高专项资金。在2000年由教育机构和地方学区来申请该项基金，由于该基金属于选拔和竞争性基金，在2000年时拨款金额为9 800万美元，随后逐年降低拨付[①]，到2010年停止拨付。该基金主要用于全美教师的培训项目，支持中小学与高等教育机构建立合作关系，为教师提供终身教育机会开拓路径。

三是教育部的教师鼓励基金。该基金主要用于支持处境不利的乡村贫困地区的教育事业，改善和提升儿童教育质量。

四是教学过渡资金。在2009年设立的竞争性项目，旨在为乡村招募和招聘高端卓越的专业教师队伍，以及招聘非师范专业的毕业生进入教育机构担任教学人员，给他们颁发过渡性教师资格证书，申请范围主要是地方教育机构、非营利性组织和营利组织。

五是特殊教育教师专属教育资金。2007年美国设立了特殊教育教师资金，属于竞争性拨款项目，该计划实施15年，主要是用于培养特殊教育教师，提升特殊教育教师素质，为残障儿童提供高素质的专业教师，提高残障儿童的教育质量。

六是"尊重"计划。该计划在2012年2月确立，属于竞争性资金项目，共计划投资50亿美元，目的是促进州和社区的教师专业发展，吸引更多卓越人才和优秀毕业生参与教育事业。在该项目实施的5年内，共招募了100万名卓越教师，使得美国教师职业不仅是一项伟大的职业，更是

---

① 孙百才，莫蓉. 美国和澳大利亚教师教育专项经费投入政策及启示[J]. 世界教育信息，2015（23）：40–43.

一项最受尊重的职业。

**2. 地方政府对乡村教师队伍的建设路径**

在奥巴马政府执政期间，美国公布乡村教师的现状以后，各州认识到教师的教学条件和工作环境，由于乡村教育关乎美国教育整体质量的提升，所以必须提高教师队伍素质和教师技能，各个州政府根据本州的现实条件和教育基础推出了特色项目，采取有针对性的培训项目，不断优化教师队伍结构。

在美国几乎所有的州推出"家乡教师项目"。所谓"家乡教师项目"是各个州从乡村地区选拔优秀学生，在进入高等教育机构以前，签订合同承诺毕业以后回到家乡学校工作[①]。具体案例如下：其一，弗吉尼亚州在20世纪90年代开始实施"家乡教师项目"，为弗吉尼亚州的乡村学校培养了大批优秀教师，该项目取得了较好的效果。有研究表明，该计划在弗吉尼亚州的格雷松县的教育领域取得十分有效的效果，以往很少有毕业生到此地的乡村学校工作，自实施"家乡教师项目"以后，大量优秀毕业生来此工作，并且这些学生的工作态度和取得的成绩令当地政府部门非常满意，也得到了学生、家长的肯定和认可。其二，在美国的伊利诺伊州成立"金苹果学者计划"，采取定向培养和定向招生的模式，在本地选择成绩优异的学生签订就业协议，在协议中规定在毕业以后为家乡的乡村学校服务至少5年，仅在2019年全州就有263名"金苹果学者计划"资助下的毕业生回到家乡的乡村学校工作[②]，这些毕业生有效地缓解了该州乡村教师数量的不足。其三，在美国得克萨斯州对乡村教师留任采取各种措施，在高中校园内实施"自然成长计划"，支持当年学生在毕业以后回到家乡教育机构做贡献，在州里建立多个网站并开设就业网站，增加招聘岗位和展示乡村教师风采，让学生认识到乡村教师的感召力和影响力，不断探索创新教师资格认证模式，由此来扩大教师队伍和返聘退休教师，保障乡村教师队伍的发展壮大。

**3. 乡村学校对教师队伍的建设路径**

美国乡村学校的地理位置较为偏僻，在办学规模和教学设施方面较为薄弱。学校鉴于此种形势，不断创新体制机制，采取更加灵活的体制机制

---

① 付淑琼.美国农村教师保障机制研究［J］.中国教育学刊，2012（2）：78-81.
② 杨茂庆，董洁.美国乡村教师队伍建设的现实困境与应对策略［J］.河北师范大学学报（教育科学版），2020，22（2）：80-87.

来增加教师的专业发展。

首先,为教师营造良好的工作氛围和良好的工作环境,让教师更加热爱教师岗位,主要是针对乡村教师有针对性地开展培训工作,提升乡村教师的教学技能和素养。如俄克拉荷马州的教育主管部门,通过促进教师专业发展来提高乡村教师的保留率,解决乡村教师"招不来和留不住"的问题。

其次,乡村学校校长是管理学校的第一责任人,提高乡村学校校长的素质,让校长成为一名卓越的管理者和有所作为的校长。由此美国推出乡村校长"协作文化",主要是共同探索和反思作为个人、同事和社区成员的行为。在"协作文化"模式的带动下,教师肩负着教学、管理与监督职责,目的是调动教师的工作积极性和创新性,为共建学校出谋划策。

最后,为乡村教师赋能,提升乡村教师的素质。其一是通过返聘乡村退休教师,这是充实和壮大教师队伍的重要途径之一。2011 年美国奥巴马执政期间公布的教师改革计划中提出,未来 10 年将会有 160 万名教师达到退休年龄,说明还有大部分低龄退休教师可以返聘到乡村学校,为乡村学校带来先进的教师经验和管理模式。其二是强化教师队伍技能训练和提升教师素质,这也是乡村学校补充教师队伍的有效途径。如在肯塔基州成立教育合作社,2017 年该合作社与华盛顿区非营利性数字承诺组织发起了"微观证书"项目,主要是为教师提供在线培训,成功完成三个微型证书的在线课程,可以帮助乡村教师在 5 年之内达到硕士或者同等学力的基本要求。

从以上 3 个方面可知,乡村学校为了壮大教师队伍,不断营造了良好的工作氛围、培育卓越校长、返聘退休教师、促进教师专业发展来促进乡村教师素质不断优化。

## (四)美国乡村教师均衡发展的经验启示

### 1.国家出台政策支持乡村教师发展

美国出台各种政策来稳定和发展乡村教师队伍,保障乡村教育的可持续发展。我国也出台了《乡村教师支持计划(2015—2020 年)》。在 2015 年我国有 330 万乡村教师工作在教育的第一线。为了保障教师队伍的稳定和提升乡村教师的工作待遇,鉴于乡村教师工作条件的艰苦和教学设施的简陋，2020年教育部办公厅出台了《关于进一步做好乡村教师生活补助政策实施工作的通知》，目的是提高乡村教师待遇，推动乡村教师生活补助提标扩面。首先，经费是制约乡村教育发展的第一块短板。当前我国在公共财政支出中的生均公共预算支出增幅较为显著，带动乡村教育设施和办学条件不断改善，但乡村教师素质的提升和教师队伍的稳定，不仅仅是生均费用的提升，更重要的是加大乡村教育的扶持力度。原因是乡村教育本身就比较落后，在分配经费资源时，应该向乡村地区倾斜，加强款项的支持力度，实现专款专用。其次，在绩效工资方面，应该给予"三州三区"覆盖到的连片贫困地区的乡村教师，实现单独发放各类补助和津贴，改善乡村教师的待遇，吸引更多毕业生到乡村学校任教。

### 2. 加强本土教师的培育，稳定乡村教师队伍

美国各州实施家乡教师项目，从根源上缓解了乡村地区教师的不足，稳定了乡村教师队伍。为了弥补我国乡村教师队伍的不足，从2007年开始我国多所师范大学推出"免费师范生"项目，缓解乡村师资队伍数量的不足。为此我国还应该加大免费师范生的培养力度。一是创新培养模式，按"本土选拔、免费全科培养，回家乡就业"的培养模式，培养一批想在毕业以后回到家乡参与教学的学生，在高中、大学、硕士等多个教育层级中实现全科培养，实现职前培养和职后培训一条龙的发展策略，缓解乡村教师资源短缺的问题。二是在培养学科体系方面，由于一些乡村学校无法开足开齐全部课程，建议高等院校培养全科教师，满足乡村学校音乐、体育、美术教师的不足。三是优化乡村教师的性别结构，主要从招生性别均衡入手，以此来缓解乡村教师性别失衡的问题。

### 3. 完善学校的管理模式，提升乡村教师专业素养

在分析了美国各州乡村教师专业发展经验以后，国内要想稳定乡村教师队伍，吸引更多教师来到此地发展，首先，营造良好的工作氛围，在乡村教师支持计划的基础上，增加教学一线教师的课酬和补贴，使之与城市教师的工资基本持平。另外，为乡村教师在职称评定、评级和子女考学和参军方面出台更多支持政策。其次，返聘退休教师到乡村支教，为贫困地区提供教师补充计划，将一部分优秀师资和退休教师返聘到"三州三区"地区，为特殊贫困地区提供更多智力支持。最后，为乡村教师提供更多发展交流机会，促

进教师专业发展，由于乡村教师担负的教学任务重，建议我国各类高等院校为其提供更多合作交流机会，设立乡村教师特岗计划，提升乡村教师的学历，在条件允许的情况下，培育卓越校长和幼儿园园长项目，带动乡村教育事业的提升。

## 二、法国城乡教师资源均衡配置经验与启示

法国在教育发展的道路上,在基础教育领域也出现过教师资源不均衡发展的问题。由此在 20 世纪 80 年代法国政府采取了一系列的改革措施,促进城乡教师资源的均衡配置。

### (一)法国教师资源配置经验

#### 1. 国家政策支持教师均衡发展

1989 年法国政府出台了《教育方向指导法》,对教师资源均衡配置进行全方位的改革,在该法中明确规定了"教师资源配置尽量减少各学区之间的不平等政策,改进各级学校之间的师生比"[①]。该规定为各地区教师队伍的重新配置作出了重要的贡献,为各个学区的儿童获得高质量的教育机会提供了保障。目前,依据法国教师编制的相关规定,教育部每年根据适龄儿童和各个学区的基础教育发展态势,对中小学教师资源进行预测,依据各类预测结果来配置全法各学区的中小学教师的编制数量,确定中小学教师的分配指标,进而确定师生比例,这对不同学区之间合理配置教师资源意义重大。

#### 2. 提高偏远地区教师的工资待遇

法国政府为了进一步吸引各类优秀人才进入偏远或者不发达地区发展,为其出台一系列的优惠政策,按照地理区位、经济发展水平、社会环境、科技信息技术等多项因素,对不同学区的教师津贴和各类待遇进行分门别类的划分,通过这种方式来提高偏远地区的工资水平,吸引更多优秀

---

① 朱昆. 法国中小学教师配置改革对我国师资配置的启示[J]. 教育导刊,2010(17):43–46.

人才来此工作[①]。如法国巴黎北部有一学区是比较"敏感"的地区，主要是由于治安较差，多数教师不愿意来此工作，由此法国政府提出进入该学区的教师工资上浮全国标准的 20%。法国除了科西嘉岛等岛屿，由于远离国家核心区，为了均衡偏远地区的教师资源，为住在太平洋和印度洋的孩子都能接受高质量的教育，国家规定这些地区的教师工资是法国本土教师工资的 3 倍。如此高的收入能吸引很多年轻教师来此工作，所以这些地区的教师不是欠缺，而是出现了"爆满"。

### 3. 重点是扶持"优先教育区"

在 20 世纪 70—80 年代，由于法国经济衰退和失业率居高不下，非法移民数量不断增加，使得法国社会出现两极分化，在城市近郊和社区出现贫民区。在这些社区中由于社会环境恶劣导致中小学生源差和教育质量低，为了缩小这些社区与正常社区之间的教育水平差距，在 20 世纪 80 年代，法国针对这些社区的教育现状，给予特殊扶持政策，即"优先教育区"政策。在法国本土共建有 558 个优先教育区，它的设立有效缓解了法国本土社区的教育问题，被确定为优先教育区的社区，给予更多扶持政策，尤其在教师资源配置上，为其配置高素质的骨干教师，增加"优先教育区"教师数量，目的是对个别学习困难的儿童进行一对一辅导，同时提高了"优先教育区"教师的工资待遇，如在 1997 年法国政府给予"优先教育区"任课教师的津贴达到了 6 741 法郎，对于所有工作在此的教师都给予该项津贴扶持[②]。

### 4. 促进全法境内的教师大流动

法国境内中学的管理模式是由教育部垂直管理，各个学校行政体系是由属地教育局管理，导致全国教育系统的教师人力资源的分配形成了垂直管理和横向管理相结合。在此框架的统筹下，教育资源配置从教育部走向全国各地区，做到了教师资源均衡配置。相比之下，全国各地教育局的工作是行政管理，不干涉教师的教学质量和教师课程内容。同时法国实行统一的工资等级制度，在国内实施统一招聘，教师可以在全国流动。在此基础上，法国按不同学区的划分，根据学区的地理位置和经济发展水平，将

---

① 杨子卿. 法国：偏远地区教师为何"爆满"了［N］. 中国教育报，2017-1-9（5）.
② 高如峰. 法国义务教育的特别扶持制度［J］. 外国教育研究，1999（6）：12-16.

不同地区的教师薪资、津贴和养老金在全国工资等级上进行不同程度的上浮，利用该种方式实现全国教师资源均衡配置，带动教学质量的整体提升。

## （二）法国城乡教师均衡配置的经验启示

### 1. 转变城乡教育均衡发展观念

在推进义务教育过程中，法国对于师资配置的观念转变，秉承教育公平是促进城乡教师资源均衡配置的指导思想，带动整个基础教育的师资配置实现了城乡统筹发展。由此表明，法国师资配置观念的转变促进教育公平意义重大。进一步讲，没有教育公平的引领，法国很难在教师配置方面取得很好的效果。再回到我国师资配置上来，当前我国促进教育公平和保证每一个适龄儿童有学上的观念已经深入人心，但是这些观念在师资配置中没有得到全面落实。主要原因是在计划经济时代，由于师资短缺和国家编制的限制，部分乡村地区为了让儿童能够接受教育，不得不聘用民办教师或者代课教师，部分教师由于没有编制，在把青春大好年华奉献给教育事业以后，部分教师一生都没有转为正式教师，还要面临被辞退，但是他们还是坚守在乡村的教育岗位上。在改革开放以后，虽然国家多次强调重视乡村教育，部分学校的教师由于工作环境差，"招不来、留不住"的现象非常严重，部分学校的教师成为所谓的"全科教师"。笔者经过深入调研得知，在我国偏远山区的学校，只有校长一人是公办教师，其余任课教师都是代课教师的现象较为普遍，师资力量非常薄弱。由此说明，我国必须贯彻教育公平的发展理念，借鉴发达国家的教师配置经验，从观念改革入手，用公平、公正、均衡的指导思想来实现我国教师资源的均衡配置。

### 2. 将国家政策保障落在实处

城乡师资均衡配置离不开国家的保障和支持，如果师资均衡配置处于理想化的状态，将是"海市蜃楼"，无法落到实处，只有将国家师资均衡配置政策落到实处，才是国家出台各种政策的基本目的。法国师资均衡配置之所以取得较好的效果，让城乡都具有优质教师，主要是得益于教师均衡配置政策的实施。

首先,在体制上优化教师配置模式,引领师资向乡村学校倾斜,确保每个学区的师资力量均衡发展。摒弃以往在师资配置上"城市多,乡村少"的配置模式,向乡村基础教育倾斜,为乡村中心学校配齐各科教师,缩小乡村学校与城市学校在教师数量上的差距,统筹分配城乡教师资源。反思我国城乡教师配置的不足和短板,彻底改变乡村教师短缺的局面。

其次,法国《义务教育法》明确规定县市级政府的教育职责,主要是加强行政管理,要求县级政府教育部门均衡配置本行政区域教师资源,合理组织校长和教师的流动和培训,加强扶持和建设乡村薄弱学校。督导和敦促地方政府按法律和制度来均衡配置教师资源。鉴于以上经验,我国地方政府应按规定指导教育主管部门,充分考虑教师资源配置工作。

最后,法国推出乡村和偏远地区教师工资优厚政策,并倡导乡村教师光荣的发展理念,切实提高乡村教师的社会地位,提倡教师工资与公务员工资基本持平。在此观念的指导下,我国尽可能提升乡村教师工资待遇,利用各种媒体宣传乡村生活补助的政策,采取多种形式,与中央的"特岗计划"、乡村教师支持计划等相关工作有机结合,展示乡村教师支持计划实施成效,营造全社会尊师重教的氛围,增强乡村教师荣誉感。

### 3.将城乡教师均衡配置改革方案落实到位

20世纪80年代法国开始推出新的师资均衡配置方案,经过几十年的实践已经比较成熟和完善。在改革中不断探索和形成师资配置方案,对我国师资配置具有很高的指导意义。鉴于以上分析,我国在推进师资均衡配置实施和改革过程中,有必要创新和改革现有的方案,从实际出发,促进城乡教师资源的均衡配置。

第一,在资源条件允许的前提下,加强对中小学教师教学能力的培训与提升,将以往的"输血功能"变为"造血功能",加强乡村教师的新教育技术培训,提高教师素养,从整体上将乡村学校的教学质量推向一个新的高度。

第二,加强西部地区和偏远地区的教师"特岗计划",鼓励高校毕业生在毕业以后到西部偏远地区的乡村学校任教,这有助于缓解乡村学校的教师短缺。在特岗计划的服务年限结束以后,在考研、参军和考公务员方面给予政策支持。

第三,建议国家学习法国的"优先教育区"的教师待遇配置方案,实现实习生与正式教师同工同酬，对偏远地区乡村代课教师的待遇给予政策支持，提高代课教师参与乡村教育的积极性。在有条件的地区对乡村教师发放专门的乡村学校工作津贴，加大对乡村骨干教师的奖励制度，目的是稳定乡村教师队伍。

第四，从2021年起，招收教育类研究生、公费师范生免试认定教师资格，建议扩大试点范围，在其他各类高校中也实施教师资格证认证制度。同时在教育公平理念的引领下，完善教师的聘任制度，将返聘退休制度落地，引领退休教师到乡村学校工作，实施老教师带青年教师计划，将好的教学经验和教学方式传递给青年教师。

第五，促进教师合理流动，推进城乡教师和校长流动机制。我国教师长期受到编制和经费的制约，在交流学习和岗位体验方面有很多制约因素，阻碍了教师流动。在未来发展中，建议实行中小学校长和骨干教师轮换机制，定期到市里的高级学校挂职锻炼与实习。

## 三、日本城乡教师资源均衡配置经验与启示

日本在义务教育阶段大力推行公平教育,均衡各个学校之间的教育资源,将私立学校作为补充,实现了教育资源的公平分配。在教育资源分配过程中,最核心的部分是教师资源,直接影响了教育质量的提升,由此日本在分配教师资源时,通过出台相关法律和构建定期交流机制,确保偏远地区的义务教育学校储备高素质的教师,进一步缩小城乡之间学校教育教学质量,最大限度地实现教育公平,在教育资源分配上取得了举世瞩目的成效。

### (一)日本教师资源配置经验

#### 1. 为偏僻地区教师提供各种保障

1872年日本政府颁布《学制》,开始普及义务教育,带动入学率快速上升,但是乡村教育仍然处于落后的局面。1953年日本民间组建了"全国边远联盟"和官办性质"全国边远振兴"两个社团组织,同时向日本国会提交各类方案,建议政府重视边远地区的义务教育。日本国会采纳了相关意见后,制定和出台了《偏僻地区教育振兴法》。在该部法律中详细规划偏僻地区义务教育补助资金的数量和管理细则。其一,针对偏僻地区的教师津贴,作出了详细的规定,根据偏僻地区的等级,发放高出全国统一标准25%的津贴补助。其二,提升偏僻地区教职工福利和医疗保险等福利,实施教师福利一揽子计划[①]。其三,为了促进偏僻地区教师专业发展,给予偏僻地区教师进修和培训的机会,由于偏僻地区教师出去培训的机会

---

① 吴晓蓉.日本偏僻地区优先发展经验研究——以《偏僻地区教育振兴法》为鉴[J].当代教育与文化,2009(7):102-105.

较少，国家每年会临时组建培训机构，增加培训经费，支持偏僻地区教师培训。其四，为偏远地区的教师营造良好的工作环境，由政府给予资金购置通信设备、车辆、洗浴设备，配置教材、教具和供餐物资，以及计算机，为这些地区的教师提供更为优越的生活条件和教学条件。其五，为了留住教师在偏远地区任教，日本政府在人事制度上推行偏僻地区优先人事制度。

### 2. 出台相关法律保障偏僻地区教师资源充足

为了稳定偏远地区的教师队伍，日本政府要求非教育部门要充分为教育部门出台各类法律，保障偏远地区教师资源的均衡配置。如日本卫生部门出台的《医疗法》中，明确规定要在偏远山区设立诊所，为偏僻地区的教师提供医疗服务。电气部门出台《电气导入促进法》，给予偏僻地区的教师提供用电和用气服务；同时出台了《孤岛振兴法》和《人口过疏地区教育特别措施法》等。以上非教育部门都对偏远地区的教职工提供各种保障措施，对促进偏远地区教师队伍的发展有着重要意义。

### 3. 日本教师构建起合理的流动机制

日本公立学校教师的待遇像公务员一样，教师每 6 年流动一次。而公立学校的校长不准在本校连任，应在学校之间轮换，这有助于提高教师素质和激发工作热情，对于合理配置教师资源、保持学校之间均衡发展起到了很大的促进作用。

首先，日本的教师定期流动制度。公立学校的基础教育部分，平均每位教师都是 6 年内轮换一次学校，义务教育阶段的校长也要在 3～5 年轮换学校，不能在学校连任。教师定期流动的对象比较明朗，对于基础教育学校教师数量超编或者学校教师结构不合理的必须进行流动，在本校工作超过 10 年的教师必须进行流动。经过调查得知，教师在同一学校连任的状态[①]（图 4-1），其中工作未满 6 年的占到 76.3%，工作 6～10 年的占到 18.1%，工作 10～15 年的占到 4.1%，工作 15 年以上的仅占 1.5%。在定期流动机制的引领下，日本各类学校不仅保障教师队伍的充足性，对于合理配置教师队伍结构和配置标准起到了一定的促进作用，实现了学校与学校之间教师资源在数量和质量上的均衡。

---

① 彭新实. 日本教师定期流动 [J]. 中国教师，2003（6）：60-65.

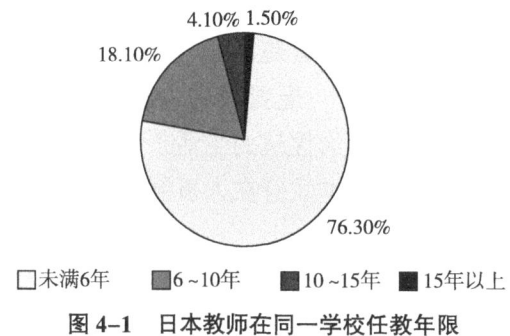

图 4-1　日本教师在同一学校任教年限

其次，日本教师定期交流机制比较活跃，在不同类型和不同级别之间进行。日本文部科学省的统计资料显示，20 世纪 90 年代教师流动数量为 12 268 人，小学阶段有 84.2% 的教师流动到初中任教，初中有 84.2% 的教师流动到小学任教，高中有 85.1% 的教师转移到特教学校执教。以上数据表明，日本基础教育阶段的教师在不同阶段的学校进行流动，一方面可以接触到不同年级的学生，另一方面还能全面掌握各类学校的教学内容，从知识内容发展的脉络体系方面掌握教材进度，由此促进教师在不同学区学校之间的流动。

最后，日本教师流动以人文关怀为基础。通过部分学者走访和调研得知，日本在教师流动过程中，并不是所有的教师都要进行流动，根据不同情况进行特殊处理，主要从教师的年龄、健康、家庭等多个角度考虑教师的流动。以下几种情况不能进行流动：其一，教师个人的身体健康状况，57～60 岁的教师和处于妊娠和产假阶段的女教师不能进行流动[①]；其二，任教不满 3 年的教师不能进行流动；其三，如果教师长期不在岗不能进行流动，主要是怕影响教学质量；其四，要充分尊重教师的个人偏好，在充分争取教师的意见以后，教育主管部门才能确定教师流动年限和安排流动学校。

## （二）日本教师资源配置经验与启示

在促进教师流动过程中，日本走在世界前列，并且取得了较好的效

---

① 黄树生. 日本教师"定期流动机制"对我国义务教育教师配置均衡化的启示［J］. 上海教育科研，2011（7）：27-28.

果。但是部分学者对在日本实施了60多年的教师流动制度持有怀疑态度，也有学者大加赞赏，形成了褒贬不一的评论态度。一部分学者认为日本教师资源的流动实现了教育公平，可以提升教师素质，减少城市与乡村之间的师资差距，为提升基础教育质量起到了一定的促进作用。另一部分学者认为日本教师流动制度存在很多隐患，主要原因是程序烦琐，带有明显的国家行政命令，压制了青年教师的发展。通过分析日本城乡教师资源均衡配置经验可知，城乡之间教师流动促进了教育公平，我国也可以借鉴日本出台的各项制度和措施，促进教师专业发展和确保乡村教师队伍稳定。

**1. 完善系列法律保障教师资源的合理配置**

日本教育部门出台了《偏僻地区教育振兴法》，非教育部门也出台了《医疗法》等相关配套法律，依据以上法律配置教师资源，在每年11月1日各县级政府重新规定教师流动的细则，形成了教师流动的长效机制，保障教师的合理流动与教师资源的均衡配置。由此说明，日本政府出台相关法律有效地保障教师资源的合理配置。诚然，教师交流与流动不是每一位教师主动要求的事项。因此，在教师流动过程中，日本政府也不是强制性地要求每位教师必须流动，而是结合人文关怀、情理结合、个人选择的"三位一体"策略。可见，日本政府以法律作为保障，以人文关怀作为基础，让教师流动成为政府分配和个人选择充分结合的产物，在此带动下日本教师流动取得了显著的效果。

相比之下，我国在教师流动方面不太顺畅，主要原因是我国尚未构建起教师流动的相关法律和长效机制。鉴于此，建议我国出台教师流动的相关法律，联合其他部门构建相应的配套机制，尤其是鼓励大学毕业生到西部偏远山区基层教育部门就业，给予相关法律保障。在出台的法律之中明确教师流动的范围、对象和任务，以及流动教师享有的权利与义务，规定教师流动程序，包括报名、选拔、到岗、结束流动后的岗位安排等，为教师合理流动做到"有法可依"，促进教师合理流动，促进教师资源的均衡配置。

**2. 缩小学校之间教师差距，促进教师资源均衡发展**

日本为了平衡发达地区与偏远落后地区之间教师数量的不足，实施了很多优惠政策，主要目的是鼓励教师到偏远地区任教，教育主管部门动态监测公立学校的师资结构，以教师流动为基础，保障学校与学校之间教师流动基本均衡。这样学校之间的师资力量将会进一步缩小，带动区域之间教师素质和教学质量的提升。相对来讲，如果区域之间教师素质和数量存在较大的差距，导致部分学校的教学质量较差，成为教育领域的"弱势群体"，这样将会削弱教师参与流动工作的积极性。因此，日本教师流动制度从数量和质量两个维度实现了师资均衡配置。相比较之下，我国的教育制度里缺乏对教师流动制度的具体规定，一方面认为教育资源配置过程中，经费、教学用具和教学设施等可以自由流动，但是教师受到各种条件的限制而不能自由流动。还有学者认为"日本教师流动提高教师队伍整体素质，有效地促进了教育的均衡发展，而我国教师流动，没有提升教师队伍的整体素质，反倒使得教育不均衡发展的程度在不断加深"[①]。经笔者调研和访谈得知，我国教师流动属于单向流动，主要是让城市学校的教师流向乡村学校，还有东部先进地区向西部地区和国家老少边穷地区师资力量薄弱的学校流动，派出部分在岗教师或者退休教师，仅是从数量上考虑教师流动，对于教师质量和学科对称性考虑得较少，而且流动时间都是短期的，最少一学期，最长时间为3年。这说明我国教师流动制度从数量、质量、时间方面还缺乏具体规定。因此，我国为了缩小城乡学校之间教师资源的差距，还应该构建起教师流动的长效机制，监测各地的师资结构，缓解城乡之间、区域之间、学校与学校之间的师资结构不合理的问题，让教师流动落实到实处，为实现教育公平发挥重要的作用。

### 3. 重视教师待遇，增加教师荣誉感

日本非常重视偏僻地区学校教师的专业发展，支持薄弱学校教育高质量发展。根据《偏僻地区教育振兴法》的规定，让偏僻地区的教师享受到优质学校教师的生活待遇，给予偏僻地区的教师比发达地区的教师更多的关爱政策，包括教学设施、教具、校车、洗浴设备、通信设备等，都给予更多的关爱，为偏远地区的教师营造良好的生活环境。另外，为了增加教师的荣誉感和存在感，1949年日本政府出台了《教育职员资格证书法》，不仅规定教师的认定资格，同时将教师绩效纳入教师资格认定之中，教师年度考核不合格，将会退出教师队伍。在此带动下，日本和美国的教师平

---

① 汪丞. 中日小学教师流动之比较及启示 [J]. 比较教育研究，2005（11）：68-72.

均工资相似，但是与本国其他行业相比，日本在基础教育阶段的教师平均工资是全国人均收入的2.4倍，高出美国的0.7倍，日本基础教育的高工资吸引了大量的优秀人才加入教师队伍之中，这不仅有助于稳定教师队伍，而且有助于增加教师的荣誉感，降低了政府配置教师资源的压力。相比之下，我国出台了《中华人民共和国教育法》和《中华人民共和国教师法》都明确规定了教师的工资不能低于当地公务员水平，但是从现实情况来看，教师的各种待遇并未超过公务员工资，近年来还有部分地区拖欠教师工资等现象发生。在学习了日本《教育法》以后可知，教育事业的核心资源是教师资源，建议政府增加教师收入，尤其是乡村地区学校的教师待遇，在稳定教师队伍过程中，一方面是给予津贴和补贴，另一方面是增加工资基数，与当地公务员工资持平或者超过当地平均工资的1.2倍，以此来增加教师的荣誉感，吸引更多优秀人才到乡村地区任教。

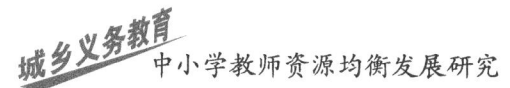

# 四、澳大利亚城乡教师资源均衡配置经验与启示

澳大利亚在教师队伍建设过程中，受到城乡二元结构的影响，乡村教师流失率居高不下成为教育领域的重要问题。澳大利亚的乡村教师虽然经过培训且待遇较高，出于对教师这份职业的热爱，坚守在教育岗位上，但是还有一部分教师流失。2019 年澳大利亚城市化水平达到了 86%，有 2 188 万人生活在城市，仅有 356 万人生活在乡村。但是为了居住在沙漠化和半沙漠化内陆地区的孩子有充分的教师资源，澳大利亚政府以提升乡村教师待遇等改革措施来稳定乡村教师队伍，平衡城乡教育资源。

## （一）澳大利亚乡村教师队伍建设措施

### 1. 澳大利亚政府出台了乡村教师激励计划

在培养乡村教师队伍过程中，澳大利亚政府非常重视乡村教师的待遇，来增加乡村教师职业的吸引力，出台的激励计划政策主要围绕三条路径：一是政府教育联盟出台了覆盖全国教师利益的政策，规定了毕业后致力于服务乡村教育挂钩的师范类"奖学金"，同时为乡村教师出台了"住房补贴"和"教龄津贴补贴"政策，通过激励政策补充和稳定了乡村教师队伍。二是在 1999 年澳大利亚联邦政府推出了"面向 21 世纪的教师培训计划"，该计划在 2000 年至 2003 年共计投入经费 8 000 万澳元，用于支持教师培训计划，在充足的经费支持下，乡村教师队伍数量和质量都得到了显著提升。在 2006 年为了鼓励教师到乡村学校工作，澳大利亚联邦政府一次性拨付 7 000 万澳元，主要推动教师培训工作，不遗余力地支持乡村教师队伍建设。三是澳大利亚每个州政府根据本地实际情况，出台了多项乡村教师激励政策，西澳大利亚州的乡村及偏远地区教师补偿政策更为显著，职位补助控制在 5 000～13 730 澳元，此外乡村教师每年最高可获得 20 870 澳元的津贴，教师执教期间的住宿由政府全权负责，地方政府还会为教师提供汽车和摩托等交通工具。在休假补偿方面，在乡村或偏远地区连续完成 6 个学期教学的教师，可以享受 10 周带薪休假，连续工作 8 个学期的教师可以享受 22 周带薪休假，而在 8 个学期以上的教师，每学期均可获得额外一周的带薪休假。

**2. 澳大利亚政府出台优惠政策建设乡村教师队伍**

为了保证乡村教师队伍建设，20 世纪 80 年代澳大利亚政府针对乡村教师队伍进行调研，撰写了多份乡村教师队伍建设报告，分析了乡村教育的发展战略，为乡村教师队伍建设指明了方向。基于以上研究报告，澳大利亚各州政府出台了多项优惠政策，主要是吸引更多教师到乡村地区工作，如丰厚的年金、带薪休假、减免交通费和提供免费住房等。首先，在澳大利亚昆士兰州的教师自愿到边远地区支教，或者自愿留在乡村任教，政府将给予最高达 5 000 澳元的奖励补贴，同时增加各种各样的地方津贴和补贴。其次，在教师年度考评上，联邦政府实施计分制，在条件恶劣地区任教计 8 分，在条件较差地区任教计 2 分，在条件优越地区任教计 1 分。教师在计分较高的地区达到三届以后[①]，可以申请调到任教条件好的地方，给予那些长期在乡村学校工作的教师子女升学优惠政策，让乡村教师安心工作，稳定教师队伍。

**3. 澳大利亚高校积极培养乡村教师**

在建设乡村教师队伍过程中，澳大利亚高校发挥着巨大的作用，具备师资培养的高校，积极参与乡村教师队伍建设，鼓励学生到乡村参与教育事业，践行"师范生乡村激励计划"。首先，在 2009 年澳大利亚启动乡村教育课程变革项目，在课程设置上主要基于乡村学校的发展进行课程设置，使学生在上岗前对乡村教育有所了解。在 2010 年澳大利亚政府联合 4 所大学开展了乡村教师师资策略项目，主要是开发乡村师范课程学习模块。其次，改变师范生实习模式，乡村教师在实习过程中，让专门致力于乡村任教的师范生到乡村学校实习，让学生通过课堂听课和微格教学，提高师范生的教学能力和增加教学经验。在实习过程中，校方对学生的住宿和差旅费都给予支持，让高校学生安心实习，培养学生热爱乡村教育的情

---

① https://www.xzbu.com/9/view.htm.

结。最后，通过大学教授、乡村资深教授和教育领域专家等为乡村教师提供长期指导，帮助乡村教师提高教学能力。

**4. 澳大利亚加强教师专业化建设**

在建设高素质的乡村教师队伍过程中，澳大利亚政府关注教师专业成长，在多个州要求乡村任职教师参加专业培训，在乡村教师参与培训，考核合格后颁发证书，不合格者继续接受培训。由此多个州教育部门积极通过网络平台和选派教师下乡等各种途径，指导乡村教师开发本土化的课程资源和改进教学方法，提高教师的专业技能。另外，为了支持澳大利亚乡村地区教育事业的发展，通过优先学校计划和乡村地区计划，对乡村教师进行系统培训，加强对教学方法、教学技术和教学能力等内容的培训，积极推进乡村教师队伍的专业化建设。

## （二）澳大利亚乡村教师队伍建设的经验与启示

**1. 中央政府与地方政府联合支持乡村教师队伍建设**

在支持乡村教师队伍建设过程中，澳大利亚能够建成稳定的教师队伍，主要是对乡村教师推出了多项保障政策。建议我国借鉴澳大利亚的乡村教师支持和培训项目，制定多样化的教师培训政策，由于我国偏远地区学生众多，为了充实乡村教师资源，教育部在现有激励计划的基础上，国家和各省（区）联合出台各项乡村教师队伍建设激励计划。首先，关于乡村教师的待遇问题，应对乡村教师待遇精准化配置，出台政策应该更加符合实际。其次，在乡村教师培训方面，主要制定更加精准的教师培训政策，实施乡村教师的继续教育计划、国培计划、乡村教师培养计划和免费师范毕业生申请免试攻读教育硕士专业学位计划，提高教师培训质量。最后，在党中央的领导下，制定更加精准的教师津贴补助政策，要求教育部和地方政府在出台乡村教师激励计划和鼓励政策时，须将各类条件和要求更加具体化和多样化，出台切实可行和具有可操作性的方案。

**2. 促进高校和乡村学校联合开发本土课程**

目前，我国有多家教育部直属师范大学和省级师范大学开展免费师范生教育，为乡村学校培养更多的合格教师。免费师范生在进入乡村学校实习和工作以前，需要不断熟悉和了解乡村学校，首先，建议高校启动乡村教师课程建设项目，由教育部和人民教育出版社联合牵头，对乡村教师课程资源进行深入调研，建设乡村教师培养课程资源模块，加入高等师范教育系统，通过课程教育、观看视频和实地实习三个途径，让免费师范生深度掌握乡村教育体系。其次，在构建课程资源的基础上，根据师范生就业区域，深入挖掘乡村地区的地域文化、历史文化、民俗文化、民间艺术和地理旅游资源等通识教育资源，根据不同年级和不同学校，构建乡村教育通识教育模块。最后，采取乡村教师生活补贴制度，在学习了澳大利亚乡村教师实习补助计划以后可知，选派有意愿去乡村工作的学生去实习和顶岗支教，通过与社区居民、学生和教师的深入接触，掌握乡村学校的教育教学技能和方法，通过实习补贴和资助的途径给予学生一定的经济资助，增加获得感以后，让学生安心实习。

### 3. 增加教师培训项目，开发新型乡村卓越教师

目前，我国的乡村教师教学能力提升培训的主要承担机构是教师进修学校，根据城乡学校分门别类地展开，体现城乡学校教师资源的差异性，以此来提高培训质量和效果。借鉴澳大利亚的培训模式，由教育部牵头，利用线上和线下两种培训模式对乡村教师进行培训。首先，利用互联网模式，构建乡村教师培训平台，将国内乡村学校典型的教学模式、教学方法、师风师德等内容进行集中培训，国内优秀课件制作、教育技术和网络技术的使用，集中到网络培训项目之中。其次，线下培训项目采取面授和远程指导相配合的模式，将国培计划持续下去，同时组织乡村教师到城市学校进行短期培训，以及城市学校的教师到乡村学校指导等。最后，根据培训效果和教师培训反馈情况，对专家的培训教学效果进行评价，随时对培训内容进行调整，目的是提高乡村教师培训适应性，提升乡村教师的教学能力，不断提高乡村教师队伍综合素质[①]。

---

① 周琴.澳大利亚稳定乡村教师队伍的经验与启示［J］.新教师，2017（9）：73-74.

## 五、本章小结

本章运用比较分析法，分析了美国、法国、日本，澳大利亚四个国家的教师资源配置经验，这对我国教师资源的合理配置有一定借鉴与启示，具有重要的意义。

（1）美国教师资源配置方面。早期美国乡村也存在着教师结构不合理和待遇差的问题，导致乡村教师流失率高。为了促进乡村教师队伍的稳定，国家、地方政府和乡村学校三个层级给予支持，其一在国家层级设立各类教育基金，支持教师专业发展。其二是地方政府实施"家乡教师计划"，主要由政府组织，选拔优秀毕业生在完成高等教育以后回到乡村学校工作。其三在学校层面主要是利用"返聘教师"制度，弥补教师队伍的不足，通过各种途径增加教师的交流机会，促进教师专业发展。

（2）法国教师资源配置方面。首先，法国教师资源配置是世界先行改革的国家之一，为了促进教师资源的均衡配置，国家出台相关法律，为国家教师资源均衡配置提供保障。其次，法国根据地区之间教育基础和社会发展等多项因素，划出教育"重点扶持区"，增加教师待遇，鼓励教师来此工作。最后，在全法境内促进教师大流动，对于我国教师资源均衡配置起到了借鉴作用。

（3）日本教师资源配置方面。首先，日本为了促进教师资源均衡配置，教育主管部门出台了《偏僻地区教育振兴法》，增加教师待遇和各种福利设施，吸引更多教师加入教师队伍参与教师事业。其次，构建教师流动机制，在国家政策、教师个人意愿和人文关怀的背景下，实施教师流动计划，保障学校与学校之间教师资源均衡分配，划拨专项资金支持教师培训，带动教师素质的整体提升。由此启示我国应该关注偏远地区的教师待遇，从数量、质量、时间方面关注教师流动，探索教师流动的长效机制。

（4）澳大利亚教师资源配置方面。首先，澳大利亚政府为了稳定乡村教师队伍，对教师给予更多的经济补贴，中央政府和地市州根据各自情况划拨专项资金专门用于教师培训,提高教师数量和质量。其次,给予乡村教师工资补贴和社会福利减免,以及子女入学和教师考评等各种补偿性和鼓励性计划。最后,高校加强对乡村教师的培养,结合乡村地区的教育现状,开发出乡村课程教育模块,让学生在实习和就业以前熟知乡村教育模式。同时,对进入乡村学校实习的学生给予更多交通和食宿补贴,加强专业化教师建设工程,提升乡村教师教学能力。鉴于此,建议我国在推进乡村教师队伍建设过程中,以现有国培计划项目为主体,增加教师培训项目,出台各类激励计划,联合高校培养免费师范生,由普通师范教育向卓越教师方向过渡。

# 第五章 我国教师资源均衡发展现状

教育资源分配是把有限的资源在各级各类教育之间和各地区之间进行有效分配,以期投入的教育资源能够得到充分利用,实现更高效益的目标。我国是人口大国,更是教育大国。在分配教育资源过程中,主要是教育资源在各级各类教育机构间的分配,教育资源在各级学校间的分配,教育资源在地区之间的分配等。如何将教育资源更加有效合理配置,是各级政府和教育主管部门必须面对的大事。因此,本章节主要讨论我国分配教师资源的现状、面临的各种问题及教师资源分配失衡的主要原因等。

# 一、我国教师资源配置政策的历史演进

在中华人民共和国成立以后,国内教师资源配置制度经历四个阶段,第一阶段是探索与重建阶段(1949—1984年)。第二阶段是新旧教育体制转轨阶段(1985—2000年),在1984年国家发布了《教育部关于中等师范学校和全日制中小学教职工编制标准的意见》以后的教师配置标准。第三阶段是稳步推进阶段(2001—2013年),在2001年中央编办、教育部、财政部联合制定《关于制定中小学教职工编制标准的意见》的教师资源配置制度的阶段。第四阶段教师资源配置的深化改革阶段(2014年至今),在2014年中央编办、教育部、财政部联合发布《关于统一城乡中小学教职工编制标准的通知》以后,将县镇、乡村中小学教职工的编制标准统一纳入全市标准之中,进行深入改革。

## (一)教师资源配置的探索与重建阶段(1949—1984年)

### 1.教师资源配置政策内容

首先,在中华人民共和国成立以后,国家教育事业处于百废待兴状态,教师资源的供给和配置都由县级以上教育主管部门来实施,在1952

年教育部出台了《小学暂行规程（草案）》和《中学暂行规程（草案）》，对中小学师资配置作出了具体的规定，为基础教育的统一领导奠定了基础。在此阶段鉴于全国中小学教师短缺的局面，国家开始主办师范学院，以及举办中学校速成各类师范生，缓解教师短缺局面。1956年教育部发布了《关于培养小学教师和幼儿园教养员的通知》，为保证小学师资队伍的稳定，大力发展师范教育和初级师范教育等方式培养小学教师，这是我国最早实施缓解小学教师短缺的政策。

其次，针对基础教育管理体制活力不足等问题，1958年中共中央、国务院发布了《关于教育事业管理权力下放问题的规定》，进一步扩大了地方管理基础教育的权力。这一阶段，地方政府在中小学的设立和发展方面获得自主决定权。在1978年教育部就教师队伍建设出台了工作意见，支持中小学教师的分配统一由县以上教育行政部门负责。说明我国义务教育的教师资源的配置主体仍是由政府来主导。在1983年国务院出台《关于加强和改革农村学校教育若干问题的通知》，重点强调了县级以上教育主管部门，在教师的调配方面处于主体地位，主要负责教师的管理、调剂和补充等。在1984年教育部再一次明确了县级以上教育主管部门在教师编制管理和调配中的地位与作用。

### 2. 教师资源配置价值理念

在教师资源配置的价值理念方面，主要是坚持效率优先的发展原则，在1962年教育部发布了《关于有重点地办好一批全日制中小学的通知》，为了保障这批中小学具有充足的、合格的教师，这批中小学实行教育部规定的重点中小学教师编制，如有特殊需要，经过省（自治区、直辖市）的教育厅准许，适当放宽编制数量。在此阶段主要遵循效率优先和城市优先的配置方案，满足各类重点学校教师数量。1978年教育部出台了《关于办好一批重点中小学的试行方案》，要求对部分地区重点学校的师资进行整顿，主要内容是加强师资力量的调整，该文件延续之前国家兴办重点学校的政策思路，遵循效率优先的原则。

### 3. 教师资源配置政策工具

在教师资源配置过程中，主要是以强制性的政策工具作为基础手段，来调剂教师资源的均衡。通常政策工具分为强制性政策工具、混合性政策工具和自愿性政策工具。由于在计划经济时期，国家实施统一分配政策，师范类毕业生和其他院校毕业生，统一由国家分配到各类中小学，采取强制性的政策工具，以指导、建立和调整规则为主[①]。

## （二）教师资源配置的新旧教育体制转轨阶段（1985—2000年）

### 1. 教师资源配置政策内容

首先，在1985年中共中央出台《关于教育体制改革的决定》，由此拉开了我国教育体制改革的序幕，主要是促进教育体制和劳动人事制度改革。在2000年中国开始实施新旧两种教育体制的并轨，这一时期党中央尚未出台教师资源配置的政策，而义务教育的师资配置主要集中在国家宏观教育政策之中。

其次，在1978年党的十一届三中全会召开以后，国家提出建设"四化"，对教育发展提出了新的要求，为了进一步激发义务教育阶段教师的积极性，在1983年教育部着手起草《中小学教职工编制标准》，经过综合多方意见以后，由于意见不一致，该标准没有颁布。在1984年教育部出台了《中等师范学校和全日制中小学教职工编制标准参考表》，明确规定以校为单位、按班计算，每一个班级的学生数量依据学校服务半径内的学生来源确定。随后，在近20年的时间内，全国的中小学教师配置标准为班师比，就是所谓在班额标准的范畴下，规定每个班级配置一定数量的教师，在此阶段，除了高中阶段的教师外，我国初中和小学的教师配置编制均是城镇高于乡村，依然是以城市教育优先发展为主（表5-1）。

---

① 贺静霞，张庆晓. 新中国成立以来义务教育教师资源配置有关政策变迁历史、特征和展望［J］. 现代教育管理，2020（3）：78-84.

表 5-1　1984 年师资配置标准

| 学校类型 | 城镇 | | 乡村 | |
| --- | --- | --- | --- | --- |
| | 平均班额（人） | 每班平均师资（人） | 平均班额（人） | 每班平均师资（人） |
| 高中 | 45～50 | 4 | 45～50 | 4 |
| 初中 | 45～50 | 3.7 | 45～50 | 3.5 |
| 小学 | 40～45 | 2.2 | 30～35 | 1.4 |

资料来源：根据相关资料整理[①]。

### 2. 教师资源配置价值理念

以往在我国义务教育领域的教师资源配置主要是效率优先的发展理念，1996 年国家教委出台了《关于"九五"期间加强中小学师资队伍建设的意见》，明确指出要严格落实教师编制制度，进一步优化师资队伍结构，提升各地区的教育质量。在我国的《中华人民共和国教师法》中明确规定，各级地方政府对教师和中专以上毕业生到老少边穷地区从事教育工作，适当给予补贴。采取差异性的教师工资制度，进一步体现了国家对落后地区教育工作的重视和关注，目的是追求教育公平。

### 3. 教师资源配置政策工具

此阶段是我国新旧教育制度的并轨阶段，为了促进教师资源优化配置，国家还是采取强制性政策工具来调剂教师资源。主要是确立了中央与省（自治区、直辖市）分级管理、分级负责的教育管理体系。将权力充分下放，把基础教育的管理权责下放给地方政府，分步骤推行九年义务教育，建立和调整规则。在国家宏观指导下，基础教育主要由地方负责、分级管理体制，而混合性和自愿性的政策工具还没有体现。

## （三）教师资源配置的稳步推进阶段（2001—2013 年）

### 1. 教师资源配置政策内容

这一阶段教师资源配置政策在沿袭与巩固前一阶段教育管理体制改革

---

[①] 李新翠. 我国中小学教师配置标准政策变迁的制度逻辑——基于历史制度主义的分析 [J]. 教育研究，2015（10）：72-77.

的基础上,稳步推进乡村义务教育管理体制改革,不断构建和完善义务教育师资人事编制制度,动态管理中小学师资变动情况。同时在乡村义务教育学校设立特岗计划和免费师范生制度。运用以上两种宏观政策来指导国家乡村地区义务教育的师资短缺问题。

首先,在教师编制管理方面,尤其是在进入21世纪以后,面对十分艰巨的义务教育,在2001年5月国务院出台了《基础教育改革与发展的决定》明确规定,重视中小学教师编制管理,科学合理配置中小学教职工编制标准,要求省一级政府依据国家相关规定和编制标准,核定中小学师资编制标准,按要求设立教师岗位和教育管理机构。2001年中央编办、教育部、财政部共同出台了《关于制定中小学教职工编制标准的意见》,提出师资配置标准由班师比变为生师比。在核定各类中小学教师编制的过程中,坚持"力求精简和高效"。从表5-2中可知,城市初中师生比为1∶13.5,乡村初中师生比为1∶18。此编制标准成为我国教师资源配置的基本依据,但是师资配置还是以城市为主。2002年教育部发布了《关于贯彻国务院办公厅转发中央编办、教育部、财政部关于制定中小学教职工编制标准意见的通知》,进一步明确了中小学内设机构人数和教师编制核定,如普通初中每班可配备教师2.7人,城市小学和县镇小学每班可配备教师1.8人,乡村小学则根据实际情况而定。

表5-2 2001年国内师资配置标准

| 学段 | 城市教职工与学生比 | 县镇教职工与学生比 | 农村教职工与学生比 |
| --- | --- | --- | --- |
| 高中 | 1∶12.5 | 1∶13 | 1∶13.5 |
| 初中 | 1∶13.5 | 1∶16 | 1∶18 |
| 小学 | 1∶19 | 1∶21 | 1∶23 |

资料来源:根据相关资料整理。

其次,在确定城乡中小学每班配置教师人数以后,国家开始探索义务教育的资源补充机制。实施"特岗计划"和免费师范生计划,主要是为乡村义务教育培养师资,缓解乡村教师的数量短缺和结构失衡等困境。国务院和教育部联合其他部门分别在2006年和2007年实施以上两个计划。在推进"特岗计划"过程中,要求各省(自治区、直辖市)在核定教师编制总体数量的基础上招聘特岗教师,不能以任何形式招聘其他教师。推行的免费师范生计划项目要求毕业生在入学以前与当地教育部门签订就业协议，保证和承诺在毕业后回到家乡从事10年义务教育工作。这两项计划是在国家宏观调控的指导下，均衡配置城乡教师资源的有效尝试，为补充乡村教师资源发挥了重要作用。

**2. 教师资源配置价值理念**

在此阶段延续了义务教育"地方政府负责、分级管理、以县为主"的管理模式，重点关注乡村义务教育阶段的教师资源配置。县级以上教育主管部门负责制定本地区基础教育师资编制，根据生源和学校布局来调整师资分配方案。2002年国务院办公厅转发中央编办、教育部、财政部联合出台《关于制定中小学教职工编制标准意见的通知》，该《通知》主要是详细规定了促进教师交流、引导城市学校的超编教师开始向乡村缺编学校流动，完成教育深化改革和实现教师均衡发展的目标。在2009年中央编办、教育部、财政部关于进一步落实国务院办公厅转发中央编办、教育部、财政部发布的《关于制定中小学教职工编制标准意见的通知》指出，依据"控制总量、城乡统筹"的原则来核定和调整本地区中小学教师编制，保证乡村中小学教师资源的均衡配置。另外，实施"特岗教师计划"和"免费师范生计划"都表明了国家在乡村教师资源配置方面的政策倾斜，实现教育公平发展理念在深入人心。

**3. 教师资源配置政策工具**

政策性工具主要包括强制性、自愿性和混合性政策工具，在此阶段我国主要是以强制性工具为主，兼顾实施了自愿性和混合性工具为辅的发展模式（表5-3）。

首先，在强制性政策工具方面，主要是设立特岗教师计划，按照国家和教育部等相关部委的指导精神，县级教育主管部门对乡村中小学教师进行招聘和职称聘任、教师调剂等。

其次，在自愿性政策工具方面，主要是要求各地教育主管部门核定义务教育的教师编制，加强本地区编制管理。

最后，在混合性政策工具方面，以权力下放的管理手段，在乡村义务教育领域，主要是在国务院的引领下，实行"地方政府负责、分级管理和以县为主"的教师配置机制，同时推行免费师范生制度，鼓励号召签订合同的免费师范生到乡村地区参与中小学教育教学工作。

表 5-3 我国教师资源配置稳步推进阶段政策工具

| 工具 | 政策 | 实施手段 |
| --- | --- | --- |
| 强制性 | 中小学教师自然减员空岗优先聘用特岗计划教师 | 指示指导 |
| | 县级教育部门负责招录、聘任和调配乡村教师 | 建立和调整 |
| 自愿性 | 地方政府核定和管理中小学教师编制 | 自我管理 |
| 混合性 | 在乡村义务教育领域实行国务院引领，由地方负责、分级管理、以县为主的管理体制 | 权力下放 |
| | 要求各地政府出台各种政策支持免费师范生到乡村参与中小学教育工作 | 鼓励号召 |

资料来源：根据相关资料整理。

## （四）教师资源配置的深化改革阶段（2014年至今）

### 1. 教师资源配置政策内容

随着我国推进城乡统筹发展，城乡教育一体化的水平逐渐提升，国家普及义务教育水平大幅提升，实现了人人有学上的发展局面。国家重视乡村教师资源的供给和教师队伍结构的合理，调配城乡教师轮岗交流，体现出国家开始重视教师资源配置的问题，带动教师资源配置逐渐向现代化迈进。

首先，在国家实施城乡教育一体化的背景下，在城乡之间统一配置教师资源，尤其是向乡村地区和老少边穷地区的教师资源倾斜，同时在城乡之间实行教师轮岗制度。在2012年9月国务院出台了《关于深入推进义务教育均衡发展的意见》，重点指出在城乡之间实施统一的中小学编制标准，尤其是对乡村小学和各个教学点给予支持和政策倾斜，合理配置各个学科的教师数量，对于美术、音乐和体育类的教师更要重视。在2014年11月《中央编办、教育部、财政部关于统一城乡中小学教职工编制标准的通知》中规定，实现统一编制标准，此阶段最大的变化就是统一实施城乡教师配置标准，采用了30年的城乡差异性的教师配置标准开始走向终结，实施新的城乡师资配置标准（表5-4），在师资配置标准中要求高中阶段教职工与学生比为1∶12.5、初中为1∶13.5、小学为1∶19，要求教学机构的教学辅助和工勤岗都不纳入编制管理范围。同年国务院发布了《乡村教师支持计划（2015—2020年）》，主要是向乡村地区学校倾斜，优化乡村教育师资结构，提高乡村教师待遇，推进县域和城乡之间教师资源的流动。2017年国家出台了《全面推进教师管理信息化的意见》，要求构建教师基础信息库，根据教师资源信息库优化教师资源的配置。在2018年中共中央、国务院印发了《关于全面深化新时代教师队伍建设改革的意见》，重点提出优化义务教育阶段教师资源配置，实行义务教育教师"县管校聘"，推进县域内学校教师和校长轮岗制，进一步促进城镇优秀教师和校长向乡村学校流动，实现学区（乡镇）在内的走教机制，地方政府依据教师工作条件给予补贴。2018年为了落实全国教育大会精神和《关于全面深化新时代教师队伍建设改革的意见》，教育部发布《关于报送2018年乡村教师生活补助实施情况的通知》，主要推动和重视连片特困省份自主实施乡村教师生活补贴机制。

表5-4 2014年师资配置标准

| 学段 | 教职工与学生比 |
| --- | --- |
| 高中 | 1∶12.5 |
| 初中 | 1∶13.5 |
| 小学 | 1∶19 |

资料来源：根据相关资料整理。

**2. 教师资源配置价值理念**

在此阶段我国主要是以优化城乡教育资源为目标，在师资配置方面逐渐显示出教育公平和差异性的价值理念。在国务院颁布的《关于加强教师队伍建设的意见》中，主要加强乡村教师队伍建设，在招录、聘用和福利待遇方面给予政策倾斜，主要目的是吸引优秀人才进入乡村参与教育教学工作。2018年《关于全面深化新时代教师队伍建设改革的意见》提出，实现以县为主，扩大特岗计划，优先满足老少边穷地区教师补充计划，充分说明政府部门利用行政手段来干预欠发达地区教师资源均衡配置。在2018年2月由教育部、发改委、财政部、人力资源和社会保障部、中央编办联合印发的《教师教育振兴行动计划（2018—2022年）》，在均衡配置乡村教师资源的背景下，还要进一步提升乡村教师素质，为乡村小学培养补充全科教师，推进本土化培养的长效机制不断完善，面向师资短缺边疆地区，增加免费师范生的供给数量，并为其提供更多优质教师资源，为改善乡村教育资源供给和促进教育公平发挥了作用。

### 3. 教师资源配置政策工具

在大力推进深化改革的关键时刻，我国在推进城乡教师资源配置方面主要是以强制性、自愿性和混合性三种政策工具为主（表5-5）。

首先，在强制性政策工具方面，落实城乡统一工资标准，实施义务教育教师的"县管校聘"的政策，另外教师的编制规模向乡村学校倾斜，按照班师比与生师比相结合的方式来核定。

其次，在自愿性政策工具方面，统筹规范地区基础教育领域中小学队伍建设，预测教师数量和师资结构变动情况。

最后，在混合性政策工具方面，鼓励省级人民政府构建师资统筹规划机制，实施乡村教师的统一补充机制，适当提升乡村特岗教师的待遇。

表5-5 深化改革阶段的政策工具

| 工具 | 政策 | 实施手段 |
| --- | --- | --- |
| 强制性 | 落实城乡统一的中小学教职工编制标准，实施义务教育教师县管校聘 | 建立和调整 |
| | 国家向乡村地区小规模学校倾斜，按照班师比和师生比相结合的方式来核定 | 指示指导 |
| 混合性 | 适当增加特岗教师的工资性补助，地方政府依据实际情况给予补贴 | 自我管理 |
| | 鼓励省级人民政府统筹师资计划，统一选拔乡村教师补充机制 | 鼓励号召 |
| 自愿性 | 地方政府统筹规范本地区中小学教师队伍建设，科学预测教师需求的数量和结构 | 自主决定 |

资料来源：根据相关资料整理。

## 二、我国教师资源配置现状分析

现象之一：在分析我国教师资源配置矛盾时，笔者曾经关注到一则消息，在国内某县城学校学生数量爆满，导致教师数量较为紧缺，教学任务压力较大。反之，在某县的乡镇学校学生数量锐减，教师名额充足，课业负担相对较轻，甚至出现部分教师无课可上，形成极大的反差，这说明教师资源配置极不合理，造成人才浪费现象。

现象之二：在教育部门实施的乡村教师顶岗挂职计划，在短期内有效地缓解了乡村学校教师紧缺压力，但这仅是权宜之计，不是长久之计。主要原因，一是部分乡村学校要求顶岗的教师较多，学校关系较为复杂，校方和教师之间关系微妙，容易造成矛盾。二是顶岗教师身份尚未得到合法化，使得工作付出与职称评定、待遇落实和评优不挂钩，尚不能激发顶岗教师的积极性。三是由于乡村学校教师资源稀缺，优秀教师被城市学校吸入，乡村学校容易成为教育的"弱势群体"，由于师资力量单一，不适合教师专业发展，助长了乡村学校的教师进城任教，形成了一种"马太效应"，城市师资力量越来越强，乡村地区师资力量越来越弱。

从以上两个案例发现，教师资源是各级各类教育的第一资源，如何促进教育资源的有效分配，使得教师资源利用效率最大化，实现教育公平，这是摆在教育行政部门面前的重点任务。在《关于全面深化新时代教师队伍建设改革的意见》中重点提出，建设一支高素质专业化的教师队伍，提升教师业务素质和教学质量。笔者经过考察得知，从数量上讲，我国教师资源分配存在宏观区域差异、中观城乡差异、微观校际差异三种。

### （一）我国教师资源分配的区域差异

从宏观层面讲，在我国区域发展中，形成了东部地区、中部地区、西部地区和东北地区四大区域。由于历史发展原因，教育投资和智力资源分配的不均衡性导致区域之间教师资源差距较大。

首先，从现有的师生比看，东部地区部分省份明显高于中西部地区，全国师生比最低的省份是湖南省，小学阶段城乡学校师生比为1:21.9，吉林省最高，小学阶段城乡学校师生比为1:11.1。从全国四大区域看，东部地区和东北地区师生比普遍高于中西部地区（图5-1）。相比之下，东部地区人口基数大，还需要储备更多的教师数量，提高师生比，同时中西部地区还需招聘更多教师，来扩充教师队伍，进一步提高师生比。

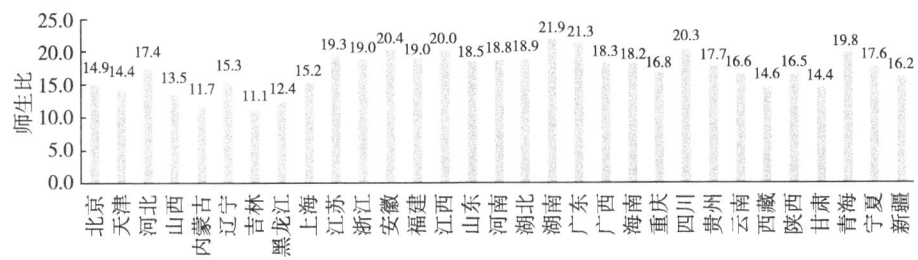

**图5-1　2018年全国各地区小学生师生比**

资料来源：根据《中国教育统计年鉴2019》整理。

其次，西部地区还存在教师数量短缺的问题，如在2000年云南省中小学教师缺编2.5万人，初中教师缺编8 000人，部分学校为了满足基本教师数量，要临时聘用代课教师。相比之下，东部地区和中部地区城市和县城不存在教师缺编问题，甚至出现教师超编现象。而西部地区和少数民族地区在国家推出免费师范生以后，部分毕业生为了完成合同规定的任务，还是回到中西部地区乡村小学从事教育事业，但是西部地区还是面临师资"招不来、留不住"的困境，部分教师通过考取硕士研究生或者其他途径，离开自己的岗位。根据笔者调研，在西部地区由于小学多数布局在乡村或者城乡接合部，教师辞职或者调动，导致课程无法开设，必须临时聘用退休教师和新毕业大学生来充当代课教师，或者由支教教师来补充教师数量，用于缓解教师数量的不足，由表5-6可知，北京和浙江没有代课教师，天津、辽宁、吉林、上海、广东、西藏、贵州、云南等省份代课教师不超过600人，而四川最高，达到了14 785人。

表 5-6　2017 年全国代课教师数量

| 省份 | 数量（人） | 省份 | 数量（人） |
|---|---|---|---|
| 北京 | 0 | 重庆 | 3 303 |
| 天津 | 438 | 四川 | 14 785 |
| 辽宁 | 428 | 贵州 | 128 |
| 吉林 | 580 | 云南 | 138 |
| 黑龙江 | 1 983 | 西藏 | 281 |
| 上海 | 478 | 陕西 | 3 627 |
| 浙江 | 0 | 甘肃 | 7 284 |
| 广东 | 465 | 青海 | 1 930 |
| 内蒙古 | 1 596 | 宁夏 | 1 607 |
| 广西 | 1 477 | 新疆 | 9 004 |

资料来源：根据《中国教育统计年鉴 2018》整理。

最后，由于东部地区经济发达，对教育投入力度加大，东部地区教师的学历、教学质量、教学理念、职业素养和信息技术应用能力等都明显高于中西部地区。经过调研得知，西部地区教师学历较低，2000 年以前广西的小学、初中、普高和职高的教师学历合格率分别为 93%、77%、64% 和 32%，仅有普高教师学历合格率高于全国平均水平的 63%，另外三类教师的学历合格率都低于全国平均水平。经过近 20 年的发展，东部地区和中部地区部分中小学、普高和职高的教师学历达到了硕士研究生水平，最低是本科学历，西部地区和边疆贫困地区教师学历有所提高，但是相比东部地区还具有一定差距，以全国初中教师学历为例（表 5-7），东部地区的北京市初中专任教师硕士研究生学历达到 10.4%，上海市初中教师硕士研究生学历达到 15.2%，而中西部地区教师具有硕士研究生学历的相对较低。从各省（自治区、直辖市）教师的本科学历看，中部地区的河南、湖北、湖南、山西、江西和西部地区的广西、四川、新疆的教师本科学历都要低于全国平均水平。由于学历低，导致教师专业素养和教学能力提升缓慢。还有部分乡村学校需要招录大专和高职学校的毕业生来此顶岗支教，缓解教师资源的不足。

表 5-7 全国初中专任教师的学历统计

| 省份 | 硕士研究生（%） | 本科（%） | 专科及以下（%） | 省份 | 硕士研究生（%） | 本科（%） | 专科及以下（%） |
|---|---|---|---|---|---|---|---|
| 北京 | 10.4 | 88.4 | 1.3 | 湖北 | 0.7 | 70.9 | 28.4 |
| 天津 | 1.2 | 93.3 | 5.4 | 湖南 | 0.5 | 72.8 | 26.7 |
| 河北 | 1.4 | 83.9 | 14.7 | 广东 | 1.1 | 84.2 | 14.7 |
| 山西 | 1.7 | 75.2 | 23.0 | 广西 | 0.4 | 75.0 | 24.6 |
| 内蒙古 | 3.1 | 85.6 | 11.3 | 海南 | 1.3 | 71.3 | 27.3 |
| 辽宁 | 2.3 | 83.6 | 14.2 | 重庆 | 0.6 | 87.3 | 12.2 |
| 吉林 | 1.1 | 84.7 | 14.3 | 四川 | 0.5 | 69.8 | 29.8 |
| 黑龙江 | 0.6 | 80.5 | 19.0 | 贵州 | 0.3 | 81.2 | 18.4 |
| 上海 | 15.2 | 83.4 | 1.4 | 云南 | 0.5 | 85.3 | 14.2 |
| 江苏 | 2.0 | 92.3 | 5.6 | 西藏 | 1.3 | 87.4 | 11.3 |
| 浙江 | 2.4 | 92.6 | 5.0 | 陕西 | 1.9 | 86.7 | 11.4 |
| 安徽 | 0.8 | 79.4 | 19.8 | 甘肃 | 0.8 | 81.8 | 17.4 |
| 福建 | 0.8 | 85.5 | 13.7 | 青海 | 1.2 | 80.2 | 18.6 |
| 江西 | 0.4 | 71.2 | 28.5 | 宁夏 | 1.4 | 88.5 | 10.1 |
| 山东 | 2.2 | 83.3 | 14.5 | 新疆 | 0.4 | 71.6 | 28.0 |
| 河南 | 1.0 | 75.4 | 23.6 | 平均 | 1.0 | 79.1 | 19.9 |

资料来源：根据《中国教育统计年鉴 2019》整理。

## （二）我国教师资源分配的城乡差异

首先，在分析我国城乡教师资源分配的差异性时，有必要从中观层面分析城乡统筹发展背景下的教育情况，按照新的城乡划分方法，即城区（主城区和城乡接合部）、镇区和乡村，从现有的学校布局来看，我国中小学的设立都分布在城区、镇区和乡村三个地区。如从 2015 年我国学生的城乡分布可知（表 5-8），国内（不包括港澳台，下同）小学在校生总数为 9 913.3 万人，城区、镇区、乡村的小学在校生分别占 33%、37.9%、29.2%。在初中阶段学生数量持续增加，当年学生总数为 4 329.3

万人，城区、镇区、乡村的初中在校生分别占34.3%、50.2%、15.4%，到了高中阶段将有一半以上的学生进入城区就读，城区、镇区、乡村的高中在校生分别占47.0%、49.8%、3.2%，说明有一半学生就读于城区，一半学生就读于镇区。形成该种局面的原因一是我国集中在县镇设立高中，在乡村设立的高中较少。因此，在升入初中和高中以后，多数学生开始转向镇区或者城区。二是城市高中升学率高于镇区和乡村。在此背景下，导致城乡的师生比开始产生一定的差异，导致城乡之间师资分配失衡。

表5-8 城乡中小学在校学生数及占比

| 层级 | 小学 | | 初中 | | 高中 | |
|---|---|---|---|---|---|---|
| | 在校学生数（万人） | 比例（%） | 在校学生数（万人） | 比例（%） | 在校学生数（万人） | 比例（%） |
| 城区 | 3 267.1 | 32.9 | 1 489.4 | 34.4 | 1 112.5 | 47.0 |
| 镇区 | 3 754.0 | 37.9 | 2 172.9 | 50.2 | 1 178.3 | 49.8 |
| 乡村 | 2 891.2 | 29.2 | 667.0 | 15.4 | 75.6 | 3.2 |
| 合计 | 9 913.3 | 100 | 4 329.3 | 100 | 23 666.0 | 100 |

资料来源：根据《中国教育统计年鉴2016》整理。

其次，在讨论城区、镇区、乡村三个地区的学生总数以后，再来分析城乡之间的生师比。生师比是在校生与专任教师数的比重，是衡量教育资源分配的重要指标之一，表5-9显示了我国城区、城镇、乡村三个地区中小学生的生师比的城乡差异。2015年高中阶段城区、城镇、乡村生师比分别为13.0、14.3、13.7。初中阶段城区、城镇、乡村学校的生师比分别为12.8、12.6、11.0，城乡之间差异不是很明显，但是城镇学校的生师比明显高于乡村学校的生师比。小学阶段城区、城镇、乡村学校的生师比分别是18.8、18.1、14.6，可知城区学校的生师比明显高于乡村学校4.2个百分点。主要原因是乡村办学规模小，导致教师资源不能实现高效率的配置，外加乡村小学的教师中专任教师比重较低，导致生师比很低。

表 5-9 城乡中小学生师比

| 层级 | 普通高中 | 初中 | 小学 |
| --- | --- | --- | --- |
| 城区 | 13.0 | 12.8 | 18.8 |
| 镇区 | 14.3 | 12.6 | 18.1 |
| 乡村 | 13.7 | 11.0 | 14.6 |
| 全国平均 | 13.7 | 12.1 | 17.2 |

资料来源：根据《中国教育统计年鉴 2016》整理。

## （三）我国教师资源分配的校际差异

高质量的师资是实现高质量教学的保障和关键所在，尤其是我国义务教育阶段的学校与学校之间教师资源分配问题值得关注，教师资源校际配置不均衡集中反映在"重点名校"和"非重点学校"之间的差别，同时政府在支持办学方面集中支持重点学校、实验学校，在办学支持力度方面向重点名校倾斜，而普通学校"备受冷落"。以我国西部某市的财政拨款为例，政府对重点学校拨款生均经费为 700 元，同时还要追加一定数量的资金，用于改善办学条件。而政府对非重点学校的拨款生均经费为 600 元，使得重点学校和非重点学校之间产生较大的差距。重点中学利用雄厚的资金和先进的办学条件，吸引周边其他学校的优秀教师来重点学校工作。相比之下，重点学校在一定程度上"抢走了"优质教师资源，而非重点学校的教师资源还处于流失状态，甚至部分教师来到普通学校是过渡，等机会一到就调入重点学校和地区名校，导致学校间教师资源的差距越拉越大。

## 三、我国教师资源非均衡配置的原因分析

上文中分析了我国教师资源分配的现状,地区间的教师资源配置失衡问题已经比较明显,这是亟须解决的重大问题。经过笔者认真思考可知,教师资源失衡已经不是某一个孤立因素的结果,而是在经济社会发展过程中长期积累的结果。教师资源是教育领域的人才资源,只有聘请到好的教师,外加先进的教学设施和高效的管理制度,才能促进义务教育高质量发展。因此,有必要分析教师资源配置不均衡形成的原因。

### (一)教师薪酬待遇的差距

首先,在改革开放初期,国务院实施区域经济非均衡发展战略,导致东、中、西部地区经济发展在全国各区域之间形成了不同的层级。由于经济与教育之间有很高的相关性,导致教育发展也有较为明显的层级性,主要是政府通过扶持企业,获得更多的财政税收,将财政税收向教育机构实施转移支付,东部地区经济发展较快,给予教育机构的投资水平较高,教师的薪资和办学设施较为充足,办学条件较好,带动当地教育质量和升学率较高。在中部和西部地区由于经济发展相对缓慢,政府给予教育的投资较少,部分学校是靠国家希望工程和慈善事业捐助来办学,教师待遇较低,如在西部地区贵州省某县挪用教育经费、拖欠教师工资和各类津贴补贴、欠缴教师"五险一金"近5亿元,严重影响了教师工作积极性。在《中国教师发展报告2019》中重点提到了教师薪酬待遇问题,参与调查的教师的月平均工资为4 324.61元,东部地区教师月平均工资为5 133元,比中部地区高出100元,比西部地区高出近1 500元。诚然,工资待遇存在地域差异和行业差距,但是教师获得工资是维持教育正常发展的重要保障。区域之间的经济发展差距导致教师薪酬待遇有一定的差距。由于教师待遇差距,部分学生毕业以后,受到各种因素的影响,部分师范毕业生不

愿意回到中西部地区就业。

其次,学校之间存在重点学校和普通学校之分,班级以实验班、科技班、普通班的三六九等划分,教师的待遇也跟所教班级等级挂钩,导致教育工作者的待遇分配不公平。重点学校选择好学生、招聘好教师,每个学年结束都是教育成果高产,年年报喜、年年先进,最重要的是政府给予薪酬待遇提高。而在广大乡村学校,学校生源不好,差学校配置差领导,安置差教师,招差学生,与优秀和先进无缘。据调查,多数乡村学校教师一年到头几乎没有任何福利,而且还要肩负大量的教学任务,为了生存还要从事农业生产,在艰苦的工作环境中,多数年轻人在失望之余,不得不放弃这份令人羡慕的职业,开始另谋出路,导致乡村教师队伍建设不利,没有组成老中青梯队。

### (二)教师本身对高级工作平台的追逐

城乡义务教育资源不均衡主要体现在教师资源分配不均衡上,国家在对城市的教师资源配置上往往是锦上添花,很少对乡村学校教师资源配置进行雪中送炭。同时地方政府给予城区学校政策倾斜和资金支持,促进城区学校打造名校和强校,形成了良好的工作平台,吸引更多教师为了获得更多的经济收入和提高社会地位,不断追逐"平台效应",通过两种方式向城区学校流动。其一是教师自发性流动,主要是教学水平高和社会背景深的教师自发请求调入城区名校和强校,促进名校和重点学校汇聚更多的名师和强师,在教师内部群体中由于工作薪酬、社会地位和教学成就形成了教师的社会分层,加速了教师更愿意向城市学校流动。其二是政府政策性流动,当地政府为了提高地区教育质量,打造名校和重点实验学校,通过行政手段使得优秀教师向名校流动,或者通过公开招录的方式选拔优秀教师,使得名校储备更多优秀的教师,这是一种人为的流动。

### (三)教育经费的投入不均衡

地方政府在教育经费方面没有均衡投入,是城乡之间教育水平非均衡发展的重要原因之一,在2001年国务院出台的《关于基础教育改革与发展的决定》中提出,乡村教育坚持"以县为主"的管理体制,费用由县级人民政府筹集。但是由于部分县政府财政资金紧张，对乡村教育投入不到位，加上政府对乡村教育不够重视，而是将经费投入城区教育领域，城区义务教育办学经费相对宽裕，硬件设施相对完善，办学条件优越。相比之下，乡村学校经费紧张，难以达到像城区学校一样的办学条件，使得城乡学校在硬件设施、教学条件和教学质量方面的差距越拉越大。部分教师不愿意到乡村学校工作，对于自己的教学成绩体现、社会地位和职业生涯发展没有太多好处，导致城乡之间教师队伍发展不均衡。

### （四）政策制度不健全

教育事业发展水平的高低与政府实施的政策密不可分，主要是指教育行政部门在实施政策时稍有偏差，将会引起教育资源失衡。

首先，教师资源分配向城区学校倾斜，将会引起教师队伍建设的等级差距，教师素质的等级差距将引起教育质量的差距，形成了城市学校名师与强校的匹配，而乡村学校和薄弱学校与名师无缘。

其次，教师主管部门具有充分的人事调配权，学校校长没有实质性的人事调配权，使得教师聘任制度没有落实，使得部分城区学校教师超编，乡村学校教师数量欠缺。

最后，教师考核制度不健全，由于部分学校强调教师业绩，尚未健全各项教师考核制度，对教师考核不严，部分地区没有按照等级划分将部分教师分流或者转岗。

### （五）城乡经济发展不平衡

经过调查可知，全国乡村学校教师数量短缺，教师素质有待提高，部分乡村学校存在初中兼顾小学的通用教师，还有一些乡村中小学一名教师兼任多门课程的"全能型"教师，主要原因是城乡之间的经济发展不平衡，导致乡村学校办学条件差，乡村学校留不住教师，优秀教师流失严重，部分学科教师结构性短缺，不利于提升乡村义务教育质量，乡村中小学教师队伍不稳定，制约乡村义务教育高质量发展。

## 四、我国教师资源非均衡配置产生的后果

### （一）教师资源配置不均衡，导致贫困代际传递

著名经济学家厉以宁教授讲到，教育资源非均衡配置，尤其是乡村教育资源配置的不足，导致学校教育设备差，尤其是教师教学水平的差异，严重影响家长对该校的信任，留在乡村学校就读的学生一般都家庭经济条件较差，使得部分乡村地区学生在起点教育上没有享受到良好的教育资源，形成"教育资源配置不公平—学生接受高等教育不公平—就业不公平—收入不平等—生活不平等—下一代不公平"的恶性循环模式。久而久之，形成了社会阶层的固定化、职业的世袭化、贫穷的代际化。由于受到教育不公平的影响，导致收入差距扩大，引起贫富差距，影响社会稳定与和谐社会的构建。

### （二）教师资源配置不均衡引起择校热

由于教师资源配置不公平，多数家长认为孩子不能输在起跑线上，为了让孩子享受到高质量的教育，获得更利于孩子身心成长的教育资源，将孩子送到教师水平高、教育资源丰富、教学效果好的学校，每年都会出现难以遏制的"择校热"问题，尤其是"小升初"择校的行为较为明显。

首先，家长需要花费巨额的择校费来获取名校入学资格，出现了"天价择校费"和"捐资助学"的不良事件，影响孩子的身心健康和经济社会公平发展。经调查发现，甚至部分家长要购买学区房或者举债缴纳择校费来获得入学资格。

其次，由于部分学区或者乡村学校师资力量不强，为了让孩子在小升

初时，获得名校的入学资格，通过校外培训机构，给学生进行强化教育，学校、家长、培训机构都成了择校博弈的主角，这些都是教师资源分配过程中演化出的追逐"重点学校"的结果。

最后，由于在我国广大乡村地区，父母比较重视子女的教育，为了让孩子能够在城区接受更好的教育，不惜重金在城市购买学区房，或者在城市租房子，一边打工，一边照顾孩子接受城区重点学校的教育，许多家长舍近求远选择到城市陪读，导致乡村学校生源减少，城市生源过多。即使留在乡村学校接受教育的学生家长，都是抱着无所谓或者读书无用论的观念，让孩子留在乡村学校就读。由于产生的择校热，县城的学校因生源爆满和大班额教学，严重影响教学质量。

## （三）教师资源配置不均衡加大了乡村教师工作量

2019年全国共有教师1 780万人，乡村教师共计290余万人。经过调查得知，乡村教师中，89%感觉工作压力大，主要来源于以下四方面。

首先，乡村教师工作量加大，留在乡村接受教育的孩子部分是留守儿童，实行寄宿制管理，由于家长对孩子缺少亲情，大部分学生学习能力低、自控能力差。由于乡村学校没有配齐生活教育、后勤、餐饮和舍务等教师，乡村教师的工作量较大，不仅在白天给学生上课，辅导学生作业，带着学生搞一些娱乐活动，在晚上还要照顾孩子住宿、一日三餐、洗漱和疾病防疫等事务性工作。乡村教师的备课和批改作业都是依靠业余时间来完成。为了排除校园周边和学生返乡路上的安全隐患，要求教师利用节假日巡查池塘水渠，排查校内外各类安全隐患，这些都增加了教师的工作量。

其次，乡村教师在评职称时，虽然国家多次提出给乡村教师实行"绿色通道"，但是部分地区教育行政部门推出的职称评审门槛较高，外加评职称的人数较多，导致教师评职称之路出现"拥堵现象"，乡村教师看不到晋升希望。

再次，接受调查的教师表示在克服收入低、工作压力大的各种困难以后，过分行政化的管理体制，将教师像学生一样管理，找不到归属感，没有得到社会的认可，让乡村教师丧失了职业幸福感和获得感。

最后，由于教师工作压力大，教学任务繁重，有30%的乡村教师患有咽炎、颈椎病、关节炎和腿部静脉曲张等慢性职业病，由于治疗不及时和无法承受高昂的治疗费，给乡村教师身心带来巨大的伤害。

## （四）教师资源配置不均衡导致乡村队伍结构失调

教师队伍是教育部门的支柱，在乡村教育中是一个薄弱的环节，从宏观角度讲，乡村教师队伍在区域之间产生较大的差异。从微观角度讲，学校内部教师队伍结构失衡问题已经非常严重。教师队伍主要反映在年龄结构、职能结构、性别结构和学科结构等，主要包括"青黄不接、一人多用、德智体美劳一人教"等。

首先，年轻人不情愿到乡村教学点或者乡村学校教学，乡村学校教师年龄偏大，90后青年教师也仅仅是来此支教，一旦有机会就会选择离开，缺乏70后至80后有经验的中年教师。笔者对内蒙古自治区和新疆维吾尔自治区多所乡村学校126名教师调研中发现，有70%以上的教师年龄都超过50岁，11.6%的教师是90后的新教师，使得教师年龄结构失衡。

其次，乡村教师学历结构不合理，目前年龄偏大的教师有一部分是1985年以前参加工作的民办教师，第一学历是初中或者高中，经过函授、夜大或自考获得大专文凭，很少有大学本科学历，而新毕业学生是大学本科学历的仅占少数。

最后，教学学科结构不合理，乡村学校教语文、数学的教师能够基本满足，但是英语、科学、品德、音乐、体育、美术等教师极度缺乏，陷入学科不平衡发展的状态。目前，虽然教育部多次提到满足乡村学校学科教师数量，但是音乐、体育、美术教师还是极度缺乏。在部分学校体育教师是由本班班主任或者其他科的任课教师担任，不利于学生强身健体。

## 五、本章小结

本章主要讨论了我国教师资源配置的历史演进和发展现状。一是我国教师资源配置经历了探索与重建、新旧教育机制转轨、稳步推进和深化改革阶段，在实施义务教育以后，利用各种政策工具尽量为乡村地区配置教师资源，但是乡村学校还是面临教师短缺。二是我国教师资源配置过程，受到社会经济发展等各种因素的影响，在区域、城乡、学校之间不能均衡配置，是阻碍我国城乡教育资源均衡配置的主要原因。三是我国教师不能均衡配置的原因，主要是受到教师薪酬待遇差距、教师自身追逐高级发展平台、教育经费投入差距、政策制度不健全、城乡经济发展差距等多种因素的影响，都不情愿留在乡村学校工作。四是由于城乡之间教师资源配置失衡，使得乡村地区缺乏优秀教师和中青年教师，以及乡村教师工作量大和教师队伍结构失衡等问题，导致乡村地区教育质量难以提高，家长为了让孩子接受高质量的教育，多数乡村儿童进入城区学校就读，出现择校热的社会问题，同时城区学校的生源过多和大班额教学，带动教学压力增加。

# 第六章 我国城乡教师资源均衡发展的实践探索

在介绍了教师资源非均衡配置的现状、形成原因和产生的后果等问题以后。基于以上研究内容，经过实地考察，学习国内多个地区关于教师资源均衡配置的实践案例，为我国城乡教师均衡发展提供理论参考和智力支持。

# 一、北京市城乡教师一体化的实践模式

## （一）北京市城乡教师一体化的实践理念

### 1. 动态化统筹区域教师编制，促进城乡教师一体化管理

为了解决乡村学校教师编制不足的问题，北京市出台了《关于切实解决中小学校缺编问题的通知》，提出4项创新举措促进城乡教师资源均衡发展。

首先，乡村中小学教职工编制按城区学校的标准统一核定，其中乡村小学和教学点的教师编制，按"生师比"和"班师比"相结合的方式进行核定。城乡中小学教职工编制实行动态管理，进一步提高教师配置效率。

其次，为了弥补乡村学校教师数量的不足，北京市通过逐年核销工勤和教辅人员的编制数额，对经营类事业单位转企改制，腾退剩余编制，优先用于乡村教师的统筹调配。

再次，通过统筹区域教师编制数量、加强教师结构合理化等手段，进一步向学生数量较少的乡村小学和教学点倾斜，主要目的是做到教师全覆盖，确保广大乡村学校能够开足开齐各类课程。寄宿制乡村学校根据学生数量来配置生活指导教师，尚未配备的应该合理计算出任课教师兼任生活指导教师的工作量，增加相应的绩效工资。

最后，在具有合格教师的背景下，严禁出现"有编不补"，长时间临时聘用代课人员，更不能以任何理由来占用乡村中小学的教师编制，主要确保城乡教师一体化管理。

### 2. 拓展乡村教师补充途径

北京市在乡村教师招录过程中，开拓多种途径补充乡村教师数量，促

进城乡教师数量的平衡。

首先,构建乡村学校师资缺口与各类师范院校招生计划联动机制,不断调整招生计划,优化招生结构,结合乡村中小学的发展特点和需求,创新乡村教师培养模式,构建政府—师范院校—乡村中小学协作培养体系,不断完善课程体系,保证每名师范学生毕业前可以到优质中小学进行岗前见习与实践。

其次,根据全市乡村学校发展的实际情况,探索通过师范院校招生指标定向到区,享受免费教育和年度奖学金,以及工作3~5年免费攻读教育硕士学位等多种激励措施,为乡村中小学定向培养出"一专多能"的乡村教师。

最后,对于综合性院校和师范院校的非师范生,在取得教师资格证以后,自愿到乡村学校工作满5年后,给予一次性4万元奖励,同时出台各类激励措施,鼓励城区低龄退休教师到乡村中小学支教。

**3. 乡村教师职称评审和骨干教师评选倾斜**

首先,在推进城乡教师一体化管理过程中,北京市为了平衡城乡之间的中小学职称和岗位结构,不断完善乡村中小学教师职称(职务)评审办法,进一步向乡村中小学和教学点倾斜,对乡村学校教师的外语、计算机、发表论文不作硬性要求,主要是考察教学业绩和师德师风。

其次,在选拔特级教师、学科带头人和骨干教师时要向乡村学校倾斜,目的是鼓励教师愿意为乡村学校服务,为乡村振兴和提升乡村学校教学质量作出贡献。

**4. 提高乡村教师生活待遇,增加乡村教师社会福利**

首先,为了鼓励乡村教师安心工作,北京市级财政对乡村教师进行岗位补贴,各县(区)根据本区乡村教师的实际情况、教学岗位、教学年限实行差别化的补助标准,增加乡村学校教学岗位吸引力,稳定和优化乡村骨干教师队伍。

其次,北京市联合住建局和发改委等部门,积极支持在合适地点为乡村教师建设周转房,合理提升乡村教师的伙食补贴,支持和解决山区教师往返学校的交通车辆问题,切实改善乡村教师的生活待遇。

最后,北京市要求教委为乡村教师缴纳住房公积金和养老保险、医疗保险等,对乡村教师给予每年800元的免费体检,做好乡村教师重大疾病救助保障工作。

**5. 建立乡村教师荣誉制度，提高乡村教师社会地位**

首先，为了树立尊师重教的社会风尚，提升乡村教师的社会地位，决定为从教 20 年以上的乡村教师颁发奖章，让乡村教师子女优先进入全市重点学校就读。

其次，在评选北京市人民教师、市级优秀教师和先进工作者等荣誉时，要求教委重点向乡村中小学倾斜。

最后，鼓励和倡导社会机构设立专项基金，资助和激励长期工作在乡村地区的优秀教师。

## （二）北京市城乡教师一体化发展战略的实践效果

**1. 特岗计划缓解乡村教师数量不足**

在 2016 年北京市实施《北京市乡村教师特岗计划（2016—2020 年）》以后，结合动态编制管理模式，在北京市的 10 个远郊区和朝阳、海淀、丰台的乡村中小学，每年招聘 300 名音乐、体育、美术、思想品德和生物、地理、历史等紧缺学科教师，主要是通过特岗计划招聘京内和京外师范院校师范专业本科以上学历毕业生，在 2016—2020 年共招聘 1 700 余名乡村教师，在一定程度上缓解乡村教师的短缺问题。2020 年北京市教委和人社局联合出台《北京市乡村教师特岗计划（2021—2025 年）》，计划每年招聘 400 名毕业生作为乡村特岗教师，分配到房山、顺义、通州、昌平、怀柔、平谷、门头沟、密云和延庆的乡村中小学校和幼儿园，主要目的是优化乡村教师队伍结构，充实音乐、体育、美术、思想品德、生物、地理和历史等紧缺学科教师数量，确保乡村中小学和幼儿园开足开齐课程。

**2. 乡村教师待遇得到明显改善**

首先，目前，北京财政局和教委为了完善乡村教师待遇保障机制，进一步吸引优秀人才到乡村地区任教，按级划分乡村教师岗位生活补助，根据乡村和山区中小学校离北京市中心直线距离，划分为五大类，学校距离市中心直线距离小于 30 千米，每人每月补助 1 400 元；大于等于 30 千米，小于 50 千米，每人每月补助 1 800 元；大于等于 50 千米，小于 70 千米，每人每月补助 2 400 元；大于等于 70 千米，小于 90 千米，每人每月补助 3 200 元；大于等于 90 千米，每人每月补助 4 000 元，经过差别化的生活补助，乡村教师申请调动到城区工作的诉求逐渐减少，相反城区教师到乡村学校任职的诉求在不断提升。

其次，对乡村教师补助标准最高达到每月4 900元，人均补助每年达到2.3万元。2016年9月到2017年末，全市累计发放乡村教师岗位生活补助达到10.6亿元，惠及全市775所乡村中小学及幼儿园的3.4万名教师，享受补助人数占全市总教职工人数的21%。

### 3. 双向轮岗交流促进城乡师资均衡发展

为了推动城乡教师资源均衡配置，实现教师干部交流轮岗和促进师资城乡流动，北京市出台《关于进一步推进义务教育学校校长教师交流轮岗的指导意见》，加强义务教育学校的校长和教师在区域、城乡、校际合理流动。各区支持教师参加开放型教学实践活动，鼓励市级以上骨干教师开展线上课堂和研修活动，全市区义务教育阶段教师自主选课，实地听课和参加研修活动，为到城区参加教学实践活动的乡村教师提供综合补助。2016年全市共有近2万名乡村教师完成近60 000次教学实践活动，主要是针对乡村教师专项培训，组织乡村教师赴城区优质资源学校参加跟岗脱产培训。

### 4. 职称倾斜带动乡村教师高级职称比例增高

首先，北京市在教师职称晋升时，对乡村教师取消论文和外语等级要求，以教龄为评审依据，逐步提高乡村教师高级职务的比例，乡村小学副高职称比例不低于10%，中高级职称不低于75%；乡村中学副高职称比例占全校教师的1/3，中高级职称不低于80%，在各项优惠政策的带动下，全市乡村中小学教师的高级职称数量增速较快，乡村中小学的高级职称教师达到了市区规定的水平，进一步稳定乡村教师队伍。

其次，在评选市级以上骨干教师和优秀教师时，逐渐向乡村学校倾斜，在市级学科教学带头人和骨干教师评选中，要求10个远郊区，推荐乡村中小学和幼儿园教师的比例不低于10%。在2020年评审的骨干教师中，乡村中小学和中职学校达到232人，占全市骨干教师的9%。

最后，奖励"师德高尚、教书育人"和高质量完成教学任务的教师，能够"淡泊名利、坚守乡土"的乡村教师，最终评选出从教满30年的乡村教师100名，从教满20年的乡村教师200名。通过职称评审倾斜和颁发荣誉证书等，增加了乡村教师的荣誉感，提高乡村教师的社会地位，发扬尊师重教的优良作风。

## 二、广西壮族自治区全面乡村教师支持计划的实践模式

为深入贯彻全国教育大会精神，在2017年广西教育厅主要是在补齐"教育短板"上下功夫，实施全面教师支持计划，缓解乡村教师数量少、老龄化、待遇差等问题。在全面推进乡村教师支持计划过程中，借助"县管校聘"的管理模式，落实城乡统一的中小学编制标准，破解乡村学校是"中转站"的困境，稳定了广西许多贫困地区的乡村教师队伍。

### （一）全面乡村教师支持计划的实践理念

#### 1.构建乡村教师招聘财政激励机制

2018年，广西为了进一步充实乡村教师队伍，在招聘乡村中小学教职工时，具体指导思想是引导和鼓励各地区招聘乡村教师，争取用3年时间破解乡村义务教育教师不足和结构性短缺的问题，在2018—2020年给予一次性财政补助，主要用于乡村教师工资待遇和生活补助等经费支出，奖补标准按照每招聘一名乡村教师给予一次性财政补助5 000元，同时市级财政对县（区）各项教育补助规模不能减少，在奖励的同时，让广西地区义务教育教师平均工资收入水平不低于当地公务员的平均工资。

#### 2.增加乡村教师的获得感和幸福感

在基层工作的乡村教师工作环境差，为了让乡村教师扎根基层，安心从教、热心从教、舒心从教，让他们在教师岗位上有幸福感，在事业上有成就感，在社会上有荣誉感。一是深化职称改革，拓展教师职业发展渠道，对乡村教师采取"定向评价、定向使用"的模式，累计在乡村学校工作达到5年和10年的乡村教师，符合中、高级职称申报条件，不受岗位结构比重限制，可直接申报中级、副高级和高级职称，对论文和外语等级

没有硬性要求。二是加强教师培训力度，近年来广西筹集经费培训教师达到 10 万人次以上，国培计划和区培计划等项目优先满足贫困县的乡村教师的需求。三是为深入到基层学校从事教育的教师筹集资金建设周转房，保障教师能在此安心从事教学工作。

### 3. 城区名校和乡村学校联动策略

为了推动教师资源均衡配置，广西实施城乡教师轮岗制度，积极探索"集团化"的办学模式，推进强校带弱校的联合办学模式，在柳州市采用"名校＋新校""名校＋弱校""名校＋农校""名校＋民校"4 种办学模式，如广西柳州景行小学具有百年历史，学校声誉较好，实施集团化办学模式，将潭中小学和河东小学纳入景行集团，实现跨区域办学模式，实施教育管理人员轮岗、教师双向流动、师徒结对、送教下乡等活动，为纳入集团化发展的两所小学传递教学管理理念和输送优秀教师，校长和教学骨干下到基层，促进教师资源的互相平衡，对教学薄弱学校提升教学质量起到了一定的带动作用。

## （二）全面乡村教师支持计划取得成效

### 1. 乡村教师数量明显增加

近期广西为落实乡村教师支持计划，将乡村教师队伍建设作为打赢脱贫攻坚战中的重要任务，解决了过去乡村教师招不来、留不住、教不好的问题，广西通过多方拓展补充渠道，通过特岗计划、公开招聘、定向培养、"银龄"讲学计划等方式，2020 年末，广西现有乡村学校专任教师达到 31 万名，占义务教育专任教师的 75.4%。在完成新一轮编制核定以后，认真落实乡村教师支持计划，在 2020 年为乡村学校补充各类教师达到 2.14 万名。为了缓解教师学科结构失衡，实施乡村小学全科教师定向培养计划，为乡村小学和教学点补充一批"下得去、留得住、教得好"的全科型教师。2018 年末全区共培养出全科师范生达到 1.46 万名，有 8 000 余名学生达到毕业水平，全部下沉到乡村中小学任教。2019 年全区共录取全科师范生达到 2 620 名，其中音乐、美术、英语紧缺专业的师范生达

1 081名[①]。2019年实施"三区"人才支持专项计划,选派到乡村学校支教的教师达到1 973人次,同时招募优秀退休教师,开展"银龄支教计划",共有1 515名优秀退休教师报名到乡村学校支教。

### 2. 乡村教师待遇明显改善

在工资待遇方面给予乡村教师更多倾斜,在上级政府给予乡村教师200元津贴的基础上,部分县(区)又增加了100元,外加每个月发放的乡镇工作津贴300元。依据县城远近给予补贴,第一类为60～150元,第二类为160～380元,第三类为230～580元,处于县内最偏远教学点的乡村教师的收入高出县城教师900元,在年末给予1.1万元年终绩效奖,对于新毕业的大学生进入教师岗位,每年收入达4.5万元,稳定乡村教师队伍成效初步显现[②]。从广西河池市的教育部门得知,自2006年以来全市有9 000名特岗教师扎根乡村学校教学,为缓解乡村教师的不足发挥重要的作用。在国家实施特岗教师计划之后,广西全区有超过5万名特岗教师补充到乡村地区,降低了全区乡村学校的生师比,有效地提升了乡村学校的教学质量,多名教师愿意留在乡村学校工作。

### 3. 为留下来的乡村教师做好住房保障

在广西部分偏远地区的乡村中小学,给教师准备了过渡周转房,部分学校也开始筹建。经过调查得知,在2014年广西全区已经统筹中央和自治区资金6.06亿元,建设乡村教师周转房面积达到32万平方米,支持全区500余所乡村义务教育学校建设周转房。到2020年广西筹措建设资金达9亿元,主要是用于乡村小学教师周转房的建设,满足教师基本需求。另外,为乡村地区改善村容村貌,修缮乡村道路,为乡村教师真正"留下来"创造便利条件,多名乡村教师感觉工作条件和生活条件都在改善,愿意长期扎根在基层教育领域从事教育事业。

---

① 广西多举措缓解教师队伍结构性短缺问题[EB/OL]. http://www.moe.gov.cn,2019-12-13.

② 刘伟,夏军. 广西许多贫困地区乡村教师队伍变得稳定[EB/OL]. http://www.gxorg.com/news/,2017-09-04.

**4. 职称评审向乡村教师倾斜**

在教师职称评定和荣誉评选上向乡村教师倾斜。广西为了实施乡村教师计划，重点提出在乡村教师评定高级职称、论文发表数量、计算机等级和英语等级证书方面不做要求，中高级岗位结构比例大力向乡村学校倾斜。给予从教 20 年的乡村教师在职称评定方面实施即评即定的特殊评审申报政策。从 2015 年全区中小学教师职称评审通过率看，乡村学校教师通过率首次超过城镇教师通过率，对具有 30 年、20 年、10 年教龄的乡村教师分别由国家、自治区和地级市颁发荣誉证书，推出一系列措施吸引更多优秀人才留在基层从事教育事业。

**5. 均衡城乡优质教师资源，加大教师培养力度**

首先，为了均衡城乡教师资源，广西构建义务教育学校校长和教师交流轮岗制度，将交流轮岗与校长选拔、教师评优、职称评聘挂钩，促进校长和教师优质教育资源合理配置，引导优秀校长和骨干教师向乡村、薄弱学校流动，截至 2020 年，已选派 5 000 多名城区校长、骨干教师到乡村中小学交流，进一步缓解乡村学校教师结构性短缺问题。

其次，加强乡村学校教师培养力度，广西每年招收的师范生达到 3 万多人，并在定向培养计划中专门安排 1 000 多项紧缺薄弱培养指标，引导师范生毕业后回到家乡就业，通过国培计划和区培计划，采用集中培训、教师脱产、双师教学等形式，重点支持 32 个贫困县和 20 个深度贫困县的乡村教师的培训。

## 三、陕西省城区带动乡村教师的实践模式

为了进一步巩固脱贫攻坚的成果,陕西省将乡村教师队伍建设作为关键落实环节,重点是打好"组合拳",推进城乡一体化教师队伍建设。通过加强师风师德建设,激发教师热爱乡村教育事业,实施"以德为先、骨干带动、全员提升"的强师计划,提升乡村教师素质,通过用好中央扶持政策,构建起一支稳定的乡村骨干教师队伍。

### (一)城乡教师均衡配置的实践理念

#### 1. 积极创新配置模式,优化城乡教师分配结构

陕西省教育厅通过挖掘存量和灵活用好现有编制,优先补充乡村中小学教师,鼓励和引领免费师范生到乡村学校任教,利用特岗教师计划,拿出一定比例补充乡村学校音乐、体育、美术教师数量。到2021年末已经解决全省乡村学校音乐、体育、美术教师结构性失衡的问题。同时由省教育厅牵头,规范各市做好"县管校聘",实现走教、支教、交流轮岗等形式,保证全省偏远地区乡村学校开足国家规定的课程,实施乡村"青年教师培养计划"和"老教师银龄计划"的中央扶持政策,以最大限度地发挥教师队伍建设优势,促进城乡教师资源均衡发展。

#### 2. 不断推出激励政策,提升乡村教师的社会地位

为了进一步稳定乡村教师队伍,陕西省教育厅不断推出多项激励政策,营造教育优先的发展氛围。首先,2019年全省落实资金超过7亿元,主要是解决特岗教师的工资,由省教育厅落实全省107个县(区)实现义务教育阶段教师不低于公务员工资的目标,保障乡村教师待遇。2019年对所有贫困县的乡村教师给予生活补助,实现全省乡村教师全覆盖。

其次，对长期在乡村任教且教学成绩好的教师，在职称评审方面给予政策倾斜，对职称外语和计算机应用能力没有硬性要求，实施乡村教师的荣誉表彰制度和乡村教师疗休养制度，增加乡村教师的职业获得感和自豪感，留住更多乡村教师扎根基层从事教育工作。

### 3. 加速实施强师计划，全面提升教师素质

首先，为了深入落实国务院《关于全面深化新时代教师队伍建设改革的意见》，为乡村教育机构培养全科教师，补充乡村学校短缺学科教师，以及幼儿园教师。进一步实施全省新一轮中小学"三级三类"骨干教师计划，培育10万名骨干教师，打造强师队伍。

其次，推进全省中小学"两级两类"骨干校长培养计划和"卓越校长领航计划""三秦名师领军计划"，开发新型教育领军人才，培育骨干教师队伍，全面提升教师教学能力和专业素养。

再次，为了进一步提高乡村教师教学能力，引领乡村骨干教师外出访学、跟岗实践、学历提升和高端研修等活动，确保乡村教师5年之间有不低于360学时的全员培训。

最后，采取多种措施促进市内优秀校（园）长和骨干教师到乡村学校流动，通过送教下乡、城乡教师结对、跨校交流和网络研修等形式，实现强校帮弱校的目标，促进乡村教师的教学能力不断提升，培育卓越乡村教师队伍。

### 4. 提升国培实效，增加乡村教师职业荣誉

陕西省利用教育部的国培计划和省培项目，使全省80%乡村教师专业素养尽快提升，全省贫困县（区）的教师得到全覆盖。通过"国培计划"项目、乡村教师培训团队、实习实训基地和网络平台，为全省乡村教师培训和教学能力提升的"常态化"培训提供了有力保障。通过名师保障、名校浸入、名典示范等途径[①]，让国培计划成为全省乡村教师培育的标杆，精准实现国培项目"育种子、探路子、打模子"的各项效应，让全省乡村教师身在乡村就能全面了解国内外前沿教育理论，有效地提升乡村学校研究能力和教学水平。

---

① 加快建设高素质乡村教师队伍，大力推进城乡义务教育一体化均衡发展［EB/OL］. https://www.moe.gov.cn.

## （二）城乡教师均衡配置取得成效

### 1. 乡村教师队伍数量明显增加，教师结构明显改善

首先，在实施中央特岗计划以后，在2020年全省10个市的69个县（区）的乡镇学校，补充特岗教师超过5 000名，完成率达到99%。尤其是补充音乐、体育、美术等薄弱学科的教师达到1 200余人，使得乡村教师学科结构、年龄结构进一步得到优化。

其次，对全省20个贫困县的全体教师进行培训，对312名乡村首席教师进行20天"苏陕合作"三段式培训。

最后，采取"三区"人才支持教师专项计划，组织千余名骨干教师到边远山区学校交流和支教，遴选百名乡村教师作为骨干教师重点培养对象，使得乡村教师能力得到全面提升。

### 2. 建立乡村教师培养与补充的长效机制

2016年陕西省出台了《乡村教师支持计划（2015—2020年）实施办法》，构建乡村教师"下得去、留得住、教得好"的政策保障机制，主要拓展乡村教师补充渠道，提高乡村教师生活待遇和乡村教师职称评审倾斜等激励措施。基于以上保障措施，陕西省对连片贫困区和艰苦边远县（区）的招聘岗位不受开考比例限制，主要为了增加乡村教师数量。陕西省商州区在2016年和2017年分别招录了312名和325名特岗教师，并全部安置到乡村学校任教，该区还专门进行乡村教师招聘考试，要求教师的年龄在18～35周岁，具有大专以上学历的毕业生均可以参加乡村教师招录考试，主要是解决乡村师资短缺的问题。

### 3. 利用"菜单式"送教，为乡村学校实现精准帮扶

首先，针对乡村学校缺乏办学经费和优秀教师，2012年陕西省教育厅启动中小学"名师大篷车"行动计划，定期或者不定期组织全省名师和教研专家送教下乡，让广大乡村教师在家就可以"身不离教"，学习国内前沿知识和掌握全新的教学方法。由此乡村学校根据学科教师的教学能力的薄弱之处来"点名师"，专家根据需求将先进的教学理念、教学方法传授给乡村教师，在5年之内全省共有5个教学"大篷车"项目送教下乡达到

42个县（区），开设示范课和各类讲座达到500多节，覆盖到3万多名乡村教师，同时全省97个名师工作室对口帮扶120所学校，实现了"一对一"帮扶500多名乡村教师。

其次，在开展精准帮扶过程中，教学素材和教学内容比较丰富，定点帮扶活动在陕西已成为常态，如陕西省宝鸡市实现了校长双向交流和教师双向任教，构建了县际、校际城乡教育联盟，每年重点帮扶50多所乡村学校，名师送教下乡培训不低于贫困地区中小学幼儿园校长和教师总数的20%[1]。陕西省汉中市有60多名教师与全市200多名乡村教师结对子，共同参与教学设计、教学管理等课题的研究，切实提高教学质量。

#### 4. 增加乡村教师的福利待遇，提升乡村教师职业获得感

首先，陕西省采取各种政策，改变过去"下不去、留不住、教不好"的不利局面，通过改善乡村教师待遇，省（市）各项政策逐渐向乡村教师倾斜，在全省骨干教师体系建设文件中，明确表示要鼓励和表彰为全省乡村义务教育作出突出贡献的骨干教师，在待遇方面每月生活补助净增830元，切实提高乡村教师的生活质量，乡村教师的待遇超越了城市教师的待遇，激发乡村教师的工作积极性。

其次，从2016年开始，陕西省启动乡村中小学优秀教师学术交流和休假项目，自活动开展以来已有500多名乡村教师享受了这一福利待遇，目的是积极弘扬乡村优秀教师高尚师德，激励乡村教师为党的教育事业作贡献的积极性，这也是党和政府关怀乡村教师的重要举措，进一步增加乡村教师的荣誉感和获得感。

---

[1] 陕西构建乡村教师专业成长体系，乡村教师人留心也留［EB/OL］.http://education.news.cn，2016-12-24.

## 四、重庆市城乡教师资源均衡发展的实践模式

为了进一步贯彻国务院出台的《乡村教师支持计划（2015—2020年）》，重庆市平衡配置城乡教师资源，满足乡村教师资源，让乡村教师"招得来、留得住、教得好"，主要是在政策上给予重点支持，从培养制度、编制、职称和待遇方面给予多方面激励。

### （一）城乡教师均衡配置的实践理念

#### 1. 不断改进乡村教师培养制度

重庆市在分配教师资源时，根据乡村学校布局，科学规划乡村教师编制，推出乡村"卓越教师培养工程"，引导师范高校根据各个县（区）的需求数量来定向培养教师，合理确定免费师范生招生计划，小学全科教师年度招生计划超过2 000人，免费幼儿师范生招生计划稳定在200人以内。构建起地方政府、师范院校、中小学（幼儿园）协作培养体系，根据乡村学校的实际需求来完善课程体系，逐步提高教师培养质量。

#### 2. 实施乡村教师特岗计划

重庆市为了缓解教师的不足，全市每年招聘特岗教师计划达到1 000人左右，结合乡村教师岗位特征，不断放宽招聘条件，优化招聘方式，构建起新聘教师到乡村学校任教制度。其一，城镇学校新录用的教师需要到乡村学校任教时间不能低于2年。其二，落实高校毕业生到乡村学校任教高校学费代偿制度。其三，为县（区）教学点提供师资支持，聘用学校退休的特级教师和高级教师，到最缺教师的乡村学校去任教。

#### 3. 实施城乡学校教师交流制度

为了进一步均衡城乡教育资源，其一，在2013年重庆市出台《中小

学领导干部及教师交流工作指导意见》，当年有3个地区进行试点，推进城镇学校校长和教师在城区与乡村学校之间、公办与民办学校之间进行交流。其二，每年同一学校教师交流总人数占教师总人数的5%～10%，其中各级骨干教师和优秀教师比例不低于交流教师总数的20%，学校领导到乡村学校交流至少工作5年以上，教师要达到3年以上。经过多年观察，在全市范围内推进中小学领导干部和教师交流制度，一方面将城区重点中小学优秀教师向乡村学校输送，可以让山区和偏远地区的孩子享受到更好的教育资源。另一方面有助于破解城乡、区域、学校之间优质教育资源配置等矛盾和问题，促进教师交流，可以优化资源配置，缩小城乡、校际师资差距，促进教育均衡发展。

**4. 提高乡村教师生活补助标准**

首先，重庆市教委按照越是边远和越是艰苦的地区，给予补助标准越高的原则，提高乡村学校和教学点值守教师的生活待遇，为他们缴纳住房公积金和社会保险。县（区）设立乡村教师重大疾病救助基金，为身患重大疾病和家庭贫困的乡村教师提供专门资金支持。

其次，重庆市鼓励县（区）符合条件的乡村教师纳入保障性住房范围，为乡村学校配备完善的网络设施和现代教育设备、笔记本电脑，构建教育网络学习平台，正确引领乡村学校教师适应互联网＋乡村教育，充分利用远程教学和在线课程，拓展乡村教师的视野。

**5. 乡村教师职称评审政策倾斜**

首先，在乡村教师评审时，重庆市按照乡村学校中、高级职称设置比重，乡村学校按照1:5:4和初中按照1.5:5:3.5的分布比重来划分专业技术初级、中级和高级岗位。规定在乡村学校任教，硕士研究生毕业工作满1年的教师可初定为中级职称，本科毕业满5年可初定为中级职称，专科毕业工作满2年可初定为初级职称。

其次，重庆市规定在乡村学校从事专业技术工作满15年或20年以后，允许具有大专或者中专学历的乡村教师破格申报高级职称。规定在乡村学校从事专业技术工作满25年以上，具有大专学历的教师可破格申报正高级教师职称。

最后，乡村教师在评聘职称时，对于外语、计算机和发表论文不做要求,仅考察师德修养和教学业绩。

### 6. 提升乡村教师专业素质

重庆市实施乡村教师学历提高计划,通过各种途径对取得本科、硕士研究生学历的乡村教师给予学费补贴,除了音乐、体育、美术等学科外,乡村中小学的教师学历必须达到本科以上学历。2020年重庆市义务教育学校教师学历本科达标率达到了100%。另外,重庆市推进"乡村教师小学教学能力提升工程",将乡村中小学教师培训纳入基本公共服务体系。通过"送教下乡"等多种途径对乡村中小学教师进行全员培训,培训时间不能低于360学时,不断提升乡村中小学教师的教学能力,进一步充实师资力量。

### 7. 优化乡村教师编制配置

首先,在分配教师资源时,重庆市为了进一步鼓励高校毕业生到农村和边远山区工作,对这些教师给予编制倾斜,对乡村小学和教学点的教职工编制核定要兼顾生师比、班级数和课程设置等,保障乡村中小学开足开齐音乐、体育、美术和科学技术等课程。

其次,在寄宿制学校要根据学生规模配置生活指导教师,对中小学教师编制采取动态管理机制,各县(区)教师根据学校布局、生源数量和教师岗位的需要,在现有教职工编制总量范围内,每年进行动态调整,在有合格教师来源的情况下,严禁出现"有编不补"和长期聘用代课教师的情况。

## (二) 城乡教师均衡配置取得成效

### 1. 重庆市为乡村学校培养全科教师效应明显

2013年重庆市实施乡村小学全科教师培养工作,构建起大学—政府—专业机构—小学(U-G-I-S)协同培养模式,在2013—2016年培养全科师范生累计达到3 000人,2015年重庆师范大学的149名小学全科师范生分别到涪陵、长寿、合川、永川、大足、铜梁、荣昌7个县(区)的定向培养基地实习。全科教师培养模式,相比传统分科培养模式的教学能力明显提升,在县(区)和一线乡村学校发现学生的综合素质有较大提升,展现了乡村小学教师较强的创造力和发展力。

**2. 乡村小学全科教师计划缓解教师资源短缺**

在国家"十三五"发展阶段,重庆市实施"特设岗位、全科教师"定向培养计划,到2020年累计招生达到10 000人,毕业到乡村学校就业。重庆市每年新招录8 000余人,其中70%的教师充实到乡镇以下的学校任教,自2013年实施"双特计划",到2017年末为乡村中小学补充教师达到1.3万人,其中音乐、体育、美术专业教师达到5 000名,为乡村学校特色发展奠定了基础。在破解教师短缺问题的过程中,重庆教委将乡村中小学编制标准向城区学校编制标准看齐,在调整编制以后,可以增加乡村教师编制2 500名,规模较小的乡村小学、教学点,按照师生比和班师比相结合的方式核定编制。

**3. 乡村学校教师大幅度增强,增加乡村教师的获得感**

到2017年末,重庆市乡村专任教师达到14.6万人,占全市中小学专任教师的56%,乡村教师面临着工作条件艰苦、教学设施短缺和交通不便等困难,为了破解各种困境,稳定乡村学校的教师队伍,增加乡村教师的获得感,重庆市根据全国《乡村教师支持计划(2015—2020年)》的要求,首先,在乡村教师职称评审时,关于高级、中级、初级岗位比例设置标准,小学按照1∶5∶4,初中按照1.5∶5∶3.5的比例设置,仅乡村小学就可以增加中级岗位1.4万个、高级岗位5 600个,乡村中学可以增加中级岗位8 900个,高级岗位2 200个。经过统计,2017年重庆市共有204名乡村教师评上了高级职称。其次,结合重庆市"大农村、大山区、大库区"的教师工作环境,为兼顾不同区域的乡村教学点,从2014年开始重庆市对乡村教师发放岗位生活补贴,覆盖到33个县(区)、4 767所学校,惠及10万名乡村教师,累计发放生活补贴资金达到10亿元。在职称和待遇得到充分保障的情况下,使乡村教师"受尊重、有回报、获温暖"的社会荣誉感逐渐增强。经过考察和访谈得知,在重庆市黔江区乡村教师申请调动的比例由实施前的7.8%降到了3%左右。

**4. 各类培训向乡村教师倾斜,提升乡村教师教学能力**

从2013年开始重庆安排专项经费,要求县(区)按照不低于本地区教师工资总额1.5%的经费预算教师培训经费,将绩效工资纳入核算基数后,每年增加培训经费达到1.3亿元,培训份额逐渐向乡村教师倾斜,改变以往教学能力低、教学方法落后等不利局面。随着教师研修常态化，一方面提高了乡村学校的教学质量，另一方面提升了乡村教师的专业素养，借助"国培计划"这一重大机遇，重庆市投入培训经费超过20亿元，培训乡村教师超过20万人次。

# 五、沈阳市城乡教师资源均衡发展的实践模式

雁阵效应的英文为 Wild Goose Queue Effect，核心要义是大雁在成群飞行时，一只大雁的羽翼借助前一只大雁的羽翼产生动力，使得自己飞行更加省力，即"雁阵效应"[①]。给人类的启示就是只有靠着团结协作精神和顽强拼搏精神，才能使得团队走得更远和变得更强。在进入"十三五"时期，根据国务院发布的《统筹推进县域内城乡义务教育一体化改革发展的若干意见》，沈阳市政府出台《乡村教师支持计划（2015—2020年）》，坚持目标导向，破解乡村教师配置过程中"城镇强"和"乡村弱"等现实问题，重点是破解城乡之间和地区之间义务教育阶段教师资源差距问题。将"雁阵效应"引入教师资源配置领域，经过多年的实践和探索，已初见成效。

## （一）沈阳市城乡教师资源配置的实践理念

### 1. 发挥领头雁引领作用，促进城乡教师均衡发展

首先，在行动主题上坚持教育资源"强区"带"弱区"的发展思路，采取县（区）带县（区）、学校带学校、教师带教师的"一对一"帮扶战略。从2012年开始，沈阳市和平区、沈河区、大东区、皇姑区四个主城区负责落实，即和平区—康平区、沈河区—法库县、大东区—新民市、皇姑区—辽中区4对帮扶共同体。其次，实施校带校活动和实现集团化办学，在2012年全市推出2个教育集团，到2016年共有34个教育集团，构建起了名校帮扶弱校，实现优质教育资源共享模式。最后，教师帮教师模式，利用教师工作坊促进一批城区校长到乡村学校进行交流，通过教师带教师、校长带校长的精准帮扶模式，提升多名乡村教师的教学能力和校

---

① 周锡冰.雁阵规则［M］.北京：中国轻工业出版社，2010.

长的管理能力。

### 2. 夯实基层教育的堡垒，改善乡村教师工作条件

在城市化进程不断加速的背景下，沈阳市城乡学校布局越来越不平衡。为了改善教师的工作条件和办学条件，首先，重点对农村九年一贯制、城乡薄弱学校和招收农民工子女的学校进行改造，累计投入超过3亿元，共计对106所学校办学条件进行升级改造，共计修建107所乡村九年一贯制学校，改造农民工子弟学校达到200所。其次，平衡城乡教育资源的配置，按照生均经费投入标准划定小学为700元，初中为900元，带动乡村教师工资待遇在城乡之间一致。最后，带动城乡之间办学水平同步提升，通过校长竞聘、骨干教师帮扶、加大培训力度等多种途径，招聘更多学科带头人和校长，充实乡村教师队伍，这是沈阳市充分考虑学校的关键人物——校长，充分发挥校长的"领头雁"作用，带动教学质量逐渐提高。

### 3. 不断提升乡村教师专业水平

首先，在发挥领头雁作用过程中，要给教师充足的时间，不能急功近利和揠苗助长。首先，给乡村教师搭建平台，利用"课堂开放和业务论坛"的模式，将各类典型教育案例和优秀教育成果向乡村学校推广，组织教师讨论学习心得。其次，在强化文化底蕴积累的基础上，对工作超过10年以上的乡村教师颁发荣誉证书，让乡村教师安心从事教育事业，从中悟出教育理论的真谛和教学方法的改进，促进乡村教师专业素养的提高。

## （二）沈阳市城乡教师资源均衡配置的效应

### 1. 乡村教师的能力得到明显提升

通过学校之间联动和教育资源共享，通过学校带学校和教师带教师的帮扶方式，沈阳市累计对康平区、法库县、新民市和辽中区4县（市）培养出49名教育专家，560名教学名师和3 664名骨干教师，其中小学市级骨干教师达到1 665人。在农村4县（市）骨干教师有297人，占全部教

师的18%[①]。被省级教育主管部门认定的骨干校长达到539名、骨干教师达到3 664名,实现了市内"领头雁"学校带动县城学校教师素质提高的目标,促进了城乡教育资源均衡发展,为乡村地区和偏远地区教育事业作出了贡献。

### 2. 实施乡村义务教育阶段"特岗"计划

教师资源公平分配是乡村教育高质量发展的关键,在2014年以后沈阳市对所属辖区新民市、法库县、康平县和辽中区等地的乡村义务教育学校,实施特设岗位计划,通过社会招聘引进中小学教师3 000多名,每年都为4县(市)乡村学校招聘"特岗计划"教师超过200人,其中获得硕士研究生学历的教师达到50%,进而缓解了乡村义务教育教师数量少、教学能力低的不利局面。

### 3. 实施强化交流协作

在促进城乡教师分配过程中,沈阳市按照雁阵模式,实行"线下"和"线上"方式。首先,在线上实现教育资源数字共享,采取精准帮扶政策,在沈阳市开展名师课堂、专递课堂、名校网络课堂等建设项目,以开展名师课堂为主要途径,实施线上讲座、专家讲座、教研互动等活动,与乡村教师在线交流,充分发挥名师的示范作用,通过名师网络课堂实现"一校带多校"的教研模式,进而从线上对乡村教师实现"一对一"帮扶活动,让优质教育资源在全市范围内发挥更大的作用,缩小区域、城乡、校际教师资源的差距。其次,在线下鼓励市区的优秀教师到乡村参与支教活动,各县(区)实施对口支援和教师定期交流制度,引导优秀校长和骨干教师到乡村学校进行交流。在乡村学校设置"特设岗位",专门用于到乡村学校进行交流轮岗的教师,其中市内优质教师每学年到乡镇学校和教师资源薄弱学校的交流比例不能低于交流教师总数的10%,骨干教师交流比例不能低于20%。

---

① 赵海千.以"雁阵效应"带动城乡义务教育教师队伍协同发展[J].中国教师,2018(12):42-44.

## 六、本章小结

本章主要讨论了北京市、广西壮族自治区、陕西省、重庆市和沈阳市的城乡教师资源均衡配置的实践经验,通过分析以上省(区、市)的发展经验和做法,北京市采取城乡教师一体化的发展模式,通过职称倾斜、增加乡村教师待遇、建立乡村教师荣誉制度,构建起尊师重教的氛围,稳定乡村教师队伍。广西壮族自治区实施全面教师支持计划,采取各种激励措施稳定乡村教师队伍,降低教师调动率。陕西省实施城乡教师均衡发展战略,通过创新城乡教师分配机制,不断推出激励政策,实施强师计划和提升国培效应,全面增加教师荣誉感,进一步稳定乡村教师队伍。重庆市实施城乡教师均衡发展战略,通过不断完善教师培养制度、实施特岗计划、城乡教师交流制度和培训机制,有效地平衡了城乡教师队伍。沈阳市利用雁阵效应,实施县区对县区、学校对学校、教师对教师的教育帮扶政策,引领城区校长和教师到乡村学校交流,带动乡村教师业务素质不断提高。

# 第七章 宁夏回族自治区城乡教师资源均衡发展现状研究

# 第七章 宁夏回族自治区城乡教师资源均衡发展现状研究

## 一、宁夏回族自治区教师队伍建设总体现状

### （一）改革开放以前宁夏回族自治区教师队伍建设情况

教师作为教书育人的行业是一个高尚的职业，是提高教育质量的关键，宁夏回族自治区历来重视教师队伍建设，在改革开放以前经历了从无到有和从弱到强的发展历程。

首先，在民国时期，宁夏全区共有小学436所，教职员工达到975人，其中完小教师数量达到369人，初小达到606人。1949年，宁夏全区各级各类学校共有教职工2 033人，其中专任教师达到1 069人（小学专任教师达到了994人，普通中学专任教师为75人）；中等专业学校教职工为127人，其中专任教师仅有57人。其次，1958年宁夏回族自治区成立，宁夏教育迎来了一个新的春天，宁夏成立了属于自己的大学，多所中小学如雨后春笋一样在全区各地成功建成，成千上万的各族儿女进入校园接受国家义务教育和高等教育，当时全区各级各类学校共有教职工7 794人，其中专任教师达到5 967人。高等教育学校共计3所，教职工129人，其中专任教师共计79人；各类小学教职工为6 089人，其中专任教师达到4 942人；普通中学教职工894人，专任教师达到649人；中等专业学校教职工523人，其中专任教师达到243人；幼儿园有教职工159人，其中专任教师54人。最后，到1978年宁夏全区共有在编教师达到38 381人，其中专任教师达31 572人。普通高校有教职工1 523人，其中专任教师652人；中等专业学校有教职工923人，其中专任教师446人；普通中学有教职工达到11 856人，其中专任教师为8 759人；小学教职工达到23 429人，其中专任教师达到21 559人；幼儿园有教职工650人，其中专任教师达到156人[①]。

---

① 宁夏教育厅. 发展壮大中的宁夏教师队伍［EB/OL］. https://xw.qq.com/cmsid/，2021-06-24.

## （二）改革开放以后宁夏回族自治区教师队伍建设情况

改革开放以后，宁夏教育厅出台了《加强中小学教师队伍管理工作的具体实施办法》，主要目的是促进全区教师队伍建设和发展，为国家改革开放培养更多的有用人才做好准备。鉴于教师学历低和教学能力差等问题，宁夏教育厅以宁夏教育学院为基地，成立全区在职中学教师培训基地，以及 15 个县级在职小学教师培训基地，主要目的是提升在职中小学教师的教学能力和增加专业素养。1985 年全区教师总人数达到 38 584 人，同年宁夏回族自治区党委和人民政府隆重召开了全区第一个教师节大会，授予 52 名教师全区"模范教师"荣誉称号。1986 年宁夏回族自治区人民政府出台了师资队伍建设意见，加快宁夏师资队伍建设速度，缓解全区师资数量不足的问题。1993 年全国人大常委会发布《中华人民共和国教师法》，全区教师迎来了新的转机，带动全区教师教学能力不断提升。2008 年宁夏全区共有各类教职工 68 384 人，其中专任教师达到 59 942 人，全区专任教师数量是 1949 年的 56 倍，同时全区教师的整体素质有所提高，小学、初中和高中教师的学历合格率分别达到了 94%、88% 和 66%。到 2010 年宁夏开展了新一轮中小学骨干教师培养计划，通过对教师的学科培训，提升教师专业素养。到 2015 年宁夏回族自治区人民政府出台了《宁夏回族自治区乡村教师支持计划（2015—2020 年）实施办法》，通过乡村教师培养和特岗计划，补充乡村教师队伍，提高乡村教师待遇，缩小了城乡师资水平差距。到 2018 年宁夏回族自治区出台了《全面深化新时代教师队伍建设改革的实施意见》，目的是加强城乡队伍建设，为全区教师队伍建设改革提供了政策和制度保障。到 2020 年宁夏全区的各级各类学校共有教职工 111 351 人，其中专任教师达到 92 665 人。2020 年教职工比 1949 年增加了 54.77 倍（图 7-1），专任教师是 1949 年的 82.3 倍。在教师结构上普通高等教育教职工达到 12 574 人，专任教师为 9 129 人；中等专业学校的教职工达到 3 733 人，专任教师为 3 028 人；普通中学教职工为 34 153 人，专任教师为 32 294 人；小学教职工为 34 488 人，专任教师为 33 823 人；幼儿园教职工为 25 760 人，专任教师为 13 857 人；特殊教育学校教职工为 518 人，专任教师为 458 人。

# 第七章 宁夏回族自治区城乡教师资源均衡发展现状研究

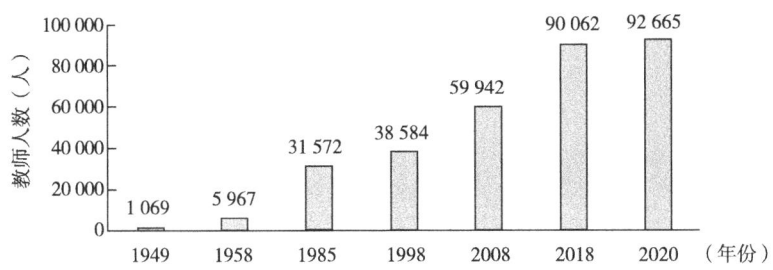

**图 7-1 宁夏专任教师发展变化情况**

（资料来源：根据相关资料整理）

## 二、宁夏回族自治区城乡教师队伍建设总体现状

### （一）宁夏回族自治区义务教育阶段城乡教师规模分析

根据教育部的规定，在义务教育阶段初中的师生比为1∶19，小学师生比为1∶23，经过实地考察和根据薛正斌（2019）对宁夏回族自治区部分地区的中小学师资数量规模的调研报告，县城的小学班级规模超过国家规定的数量，班额较大，而师生比更是低于国家标准，教师数量能够基本满足学校的教师要求，但是乡村小学处于缺编状态，城乡之间教师资源配置"超编"与"缺员"的矛盾较为突出。根据《2015年宁夏回族自治区教育统计手册》中5个地级市的教育统计数据可知，在义务教育阶段小学师生比低于国家标准，从数据表面上看能够满足开课的基本要求（表7-1），但是在教学运行过程中学校仍缺少教师。因此，仅从师生比上并不能准确反映一所学校合理的教师数量，尽管一些学校的学生数量较少，但是班级数和年级数相对较多，师生比低但是班师比较高，这样造成学校一方面教师"超编"，另一方面教师又"缺员"的矛盾。

笔者在2021年暑期到宁夏W市调研时，访谈了A县4所乡村小学校长和教学点负责人，被访谈的4位校长管理的小学的学生数量不足100人，班级覆盖到一年级至五年级，每个班都要开设语文、数学、英语、计算机、音体美、思想品德、健康和法制等课程，外加寄宿制生活指导教师等。依据国家新的师生比配齐教师数量，必须聘用临时代课教师，因此该县4所乡村小学自聘教师56名，主要是缓解繁重的教学任务，还要符合国家规定的教师数量。

表 7-1 宁夏地级市城乡师生比

| 类型 | 银川 | 石嘴山 | 固原 | 吴忠 | 中卫 |
| --- | --- | --- | --- | --- | --- |
| 初中 | 15.7∶1 | 12.9∶1 | 13.5∶1 | 15.5∶1 | 15∶1 |
| 小学 | 21.8∶1 | 16.3∶1 | 14∶1 | 16.5∶1 | 21∶1 |

资料来源：《2015 年宁夏回族自治区教育统计手册》。

## （二）宁夏城乡教师年龄结构分析

从城乡教师资源分布上看，经过宁夏相关部门调研可知，宁夏由于乡村教师流动性较大，主要是受教师内部流动性大和外部教师引进难度大的"双重不利因素"影响，农村在岗教师老龄化现象较为严重，笔者在 2021 年调研宁夏北部 S 县和南部 W 县等 3 个县教师年龄结构，从现有情况看各个县的情况表现出"低龄化"和"老龄化"的两头大、中间小的特征。

首先，在宁夏北部 S 县了解到该县的年龄结构，通过访谈获得的数据可知（表 7-2），在 S 县初中教师共有 706 名，其中乡镇教师共计 201 名，占全县初中教师总数的 29%，县城初中教师共计 505 名，占到全县的 72%，主要是受城市化进程的影响，乡镇学生都进入县城学校就读，导致乡镇初中学生数量减少，由此县城初中的教师总数是乡镇教师总数的 2 倍。从县城教师年龄结构看，26～35 岁的教师占比达到 33.3%，36～45 岁的教师占 11.5%，26～45 岁的中青年教师占比为 44.8%，超过 56 岁的教师占到 26.1%。在乡镇初中处于 25 岁以下的教师占到 23.9%，新入编教师必须进入乡镇中学任教，而处于 26～45 岁的教师占比为 23.3%，这一年龄段的教师数量较少，人才断档情况较为严重，超过 45 岁的教师占 52.7%，主要是以往乡村教师通过民办教师转为公办教师和早期一直工作在乡村学校的教师，乡镇初中教师的"老龄化"趋势较为严重，如果这些教师在 10 年之内退休，那么将会导致乡镇教师严重不足。

表 7-2　宁夏 S 县初中教师年龄分布

|  | ≤25 岁 | 26～35 岁 | 36～45 岁 | 46～55 岁 | ≥56 岁 |
| --- | --- | --- | --- | --- | --- |
| 县城（名） | 62 | 168 | 58 | 85 | 132 |
| 占比（%） | 12.3 | 33.3 | 11.5 | 16.8 | 26.1 |
| 乡镇（名） | 48 | 22 | 25 | 22 | 84 |
| 占比（%） | 23.9 | 10.9 | 12.4 | 10.9 | 41.8 |

资料来源：根据调研资料整理。

其次，在宁夏中部 W 县调研了解到，全县义务教育阶段学校教师总数为 1 852 人，初中阶段教师总数为 845 人，教师年龄结构基本上跟 S 县相似。小学阶段教师不仅数量不足，而且在年龄结构上呈现出"两头大、中间小"的特征，尤其是在乡村小学体现得更为突出（表 7-3）。在该县共有 1 050 名小学专职教师，县城小学、乡镇中心校和乡村小学的教师人数分别为 546 名、212 名和 322 名，分别占比为 52.0%、20.2% 和 27.8%，说明城乡之间教师基本持平。县城小学教师的年龄结构主要集中 26～55 岁，占到 80.9%，而低于 25 岁和高于 56 岁的教师仅占到 19.1%，教师年龄结构较为合理。但是在乡镇中心校的教师中 26～55 岁的教师总数占到 57.1%，低于 25 岁和高于 56 岁的教师占到 42.9%，年龄结构尚可，但是乡村小学低于 25 岁和高于 56 岁的教师占到 62.8%，而 26～55 岁的教师占比达到 37.2%，中年教师相对较少，青年教师和高龄教师相对较多，原因是青年教师一般是刚毕业分配到乡村小学处于过渡状态，还有一部分是来到乡村小学支教和交流的老教师，部分教师是民办教师转为公办教师，自始至终工作在乡村小学。通过以上数据可知，乡村学校的教师结构不合理，缺少中青年有经验的教师，不利于教师队伍的梯队建设。

表 7-3　宁夏 W 县小学教师年龄结构

|  | ≤25 岁 | 26～35 岁 | 36～45 岁 | 46～55 岁 | ≥56 岁 |
| --- | --- | --- | --- | --- | --- |
| 县城小学（名） | 62 | 128 | 189 | 125 | 42 |
| 占比（%） | 11.4 | 23.4 | 34.6 | 22.9 | 7.7 |
| 乡镇中心校（名） | 16 | 49 | 40 | 32 | 75 |

（续表）

| 区域 | ≤25岁 | 26～35岁 | 36～45岁 | 46～55岁 | ≥56岁 |
| --- | --- | --- | --- | --- | --- |
| 占比（%） | 7.5 | 23.1 | 18.9 | 15.1 | 35.4 |
| 乡村小学（名） | 75 | 23 | 52 | 45 | 127 |
| 占比（%） | 23.3 | 7.1 | 16.1 | 14.0 | 39.5 |

资料来源：根据调研资料整理。

## （三）宁夏回族自治区义务教育阶段城乡教师学科结构

在义务教育阶段教师学科结构主要涉及语文、数学、英语、物理、化学、历史和地理等基础学科，还有音乐、美术、体育、计算机等课程。首先，通过调查可知，宁夏初中数学、语文、英语等学科教学能够基本满足教学需求，音乐、体育、美术和计算机等学科教师能够满足教学要求。其次，在义务教育阶段的小学教师结构发展不太均衡，在县城小学数学、语文、思想品德、科学、健康、音乐、美术和体育等学科的教师能够满足教学需要，而在乡镇小学语文和数学的任课教师虽能满足教学需求，但缺乏音乐、体育、美术、英语和计算机等学科的教师，只有聘用临时代课教师来补充缺岗教师。在访谈宁夏S县乡镇学校的校长和负责人时都表示，该县布局4所小学，其中乡镇中心校3所，乡村小学1所，该县的小学师资结构不太合理（表7-4）。在走访乡村A小学的马姓校长时谈到，上级教育局在分配该校的青年教师时，考虑乡镇小学的学生逐年减少，都向县城或大城市转移，音乐、美术、体育都是青年教师能胜任的科目，一般乡镇中心校能开齐，而乡村小学一方面是学生数量少，一般都是五年一贯制，涉及班级多，每个班级只能配备一名数学教师和语文教师，英语和音乐等科目部分教师能兼任，美术教师几乎处于空白，没有教师能够胜任，乡村小学多年都缺乏美术教师。从以上数据反映出乡镇小学师资数量少，缺乏音乐、体育、美术、英语和计算机类学科的教师。

表 7-4 宁夏 S 县城乡小学师资结构分布

| 城乡 | 语文 | 数学 | 英语 | 音乐 | 美术 | 体育 | 计算机 | 其他 |
| --- | --- | --- | --- | --- | --- | --- | --- | --- |
| 县城小学 | 176 | 172 | 127 | 32 | 15 | 33 | 12 | 58 |
| 乡镇中心校 | 60 | 67 | 32 | 6 | 3 | 11 | 9 | 23 |
| 乡村小学 | 22 | 22 | 7 | 2 | 0 | 6 | 1 | 7 |

资料来源：根据调研资料整理。

## 三、宁夏回族自治区城乡教师资源均衡配置面临的矛盾

### （一）城乡教师数量总额已满，整体与局部之间配备不均衡

根据《2015年宁夏回族自治区教育统计手册》和多个社会机构调研可知，全区教师总量能够满足教学需求，但还是存在缺编现象。随着多名特岗教师的招录和引入，乡村中小学布局调整与整合，以及乡村教学点的减少，极大地缓解了宁夏全区教师数量不足的困境。部分乡村学校或者教学点受到交通不便、生态荒芜和居住分散等多重不利因素的影响，尤其是宁夏南部地区还有很多小规模学校或者教学点，导致教师需求的数量远远大于实际配置标准所需要的教师数量。经过调研得知，有的乡村学校学生数量较少，还要配齐各类学科教师，如在宁夏南部山区学校规模小、布局分散，仅有10名学生的乡村学校都要配齐各科教师导致教师需求量不断增加。通过以上分析可知，宁夏全区在统筹城乡教师资源分配过程中，形成"局部短缺"和"整体充足"的发展态势。

随着宁夏全区教育事业的快速发展，外加国家计划生育政策允许生二孩，学生数量在不断增加。在撤销乡村教学点和规模比较小的学校以后，学生集中到乡镇中学就读，另外国家推行义务教育阶段营养改善计划，需要多名教师从事校内食宿管理、生活指导、校医、安保、心理辅导等工作，但是以往仅仅满足基本的教学需要，由于增加以上任务和项目，校内教师短缺现象比较严重。为了保证各类事务性工作顺利开展，必须有专任教师去担任，一方面增加了教师的工作压力，另一方面又影响了教学质量。在2021年宁夏A县的调研中，有72.3%的教师都感到工作压力较大，尤其是乡镇学校的教师，有89.4%的教师感觉工作压力非常大，部分专任教师对于教师职业的认同度降低，想要考取公务员或者调走。总之，为了促进乡村地区教学质量的提升，必须关注乡村学校教师的工作压力，

适当增加教师数量,为提高乡村学校教学质量做好保障。

## (二)城乡教师质量失衡,乡村教师质量"高位塌陷"现象较为严重

在调研过程中得知,早在国家"十三五"时期,宁夏的初中和小学教师在学历和职称方面都是呈现出"城市好、乡村差"的发展态势,主要表现在城市学校高学历、高职称的教师比重较高,低学历和低职称的教师比重较低,而农村高学历、高职称的教师比重较低,低学历和低职称的教师比重较高,乡村教师的自身素质和条件具有明显的"学历、职称缺陷",导致城乡之间的教师素质形成了明显的"二元分化"。原因是受城乡二元结构的影响,在招录教师时教育主管部门将高学历毕业生留在城市学校教学,具有研究生学历和211、985高校的毕业生不会下沉到乡村学校参与教育事业。乡村学校教师队伍只有普通本科院校的毕业生或者顶岗支教人员,部分教师由于初始学历是专科或者中师,通过后期成人自考获得国家承认的大专或者本科学历。在社会层级和政策导向的双重夹击下,同时乡村教师受到工作压力、居住环境和经济收入等多重因素的影响,阻碍乡村教师的发展空间,挫伤了教师发展积极性,导致多个乡村学校的优秀教师流失。笔者在宁夏S县调研时得知,在乡村学校工作不但任务量大,而且福利待遇差,专业发展也会受到一定限制,还有乡村教师社会地位低,在职称评定方面按照现有标准很难晋升高级职称,面对社会需求和现实利益的追求,众多乡村优秀教师选择辞职或者进城择校。综上所述,宁夏回族自治区的城乡之间教师素质差距较大,形成了城市教师学历高和职称高,教师素养和教学技能相对较高,而乡村学校教师由于各种因素的影响,教师学历较低和职称低,由此乡村教师综合素养出现"高位塌陷"现象[①]。

---

① 民进宁夏区委会调研报告.宁夏城乡义务教育师资均衡现状与对策[R].2015.

## （三）城乡教师结构失衡，导致部分学校教师结构性短缺

首先，在城乡之间由于受到生活福利待遇和教学设施不足、发展机会少的影响，导致城乡之间教师资源出现了"城乡差距"，一方面是青年教师畏惧工作压力，不愿意到偏远地区的乡村学校承担教学工作；另一方面是"单位留人"为主的计划性教师管理机制的弱化，实施"物质留人"的机制尚未形成。在乡村地区尤其是偏远地区的学校教师都是一些高龄教师，多数学校以60后的教师为主，还有一部分临近退休的教师，使得教师结构出现老龄化趋势较为严重。

其次，由于乡村教师面临老龄化趋势，还有一部分中青年教师选择离开乡村边远地区学校。经过调查得知，有45%的教师表示如果有机会将会重新选择职业，还有56.4%的教师表示有朝一日调回县城学校，在乡村学校仅是过渡。

最后，由于中青年教师流失和乡村教师老龄化趋势，导致学科结构失衡，英语、音乐、体育和美术等学科教师较为短缺，尤其是在宁夏回族自治区南部地区部分教学点和小规模学校缺少英语教师。由于乡村学校学生实施寄宿制以后，缺少生活指导教师和心理辅导教师，这也是乡村学校面临的一大问题。

## 四、宁夏回族自治区城乡教师资源未均衡分配的原因分析

### （一）宁夏回族自治区城乡教师资源非均衡配置政策因素

**1. 城乡义务教育均衡发展与教师职业选择不对称，导致城乡教师配置失衡**

当前我国实施乡村脱贫攻坚和乡村振兴，主要目的是促进城乡统筹发展，缩小城乡差距，而以往乡村地区贫穷、落后，交通不便，信息不畅通。在城乡教师资源分配过程中，受到市场经济机制的影响，原有的计划分配用人机制不复存在，高校毕业生或各类专业技术人员开始实行双向选择，教师根据自身条件和是否能为本人职业发展带来效益最大化进行选择，而政府在招录教师时，偏远地区的乡村学校不是无人报名，就是在招录以后到岗教师感觉条件比较艰苦，在入职时会选择放弃，多数人宁可回到城市另谋职业，或者通过其他招录途径选择到城市学校工作。采访多个宁夏回族自治区南部山区教育主管部门领导人员时，他们表示政府的意愿是鼓励毕业生到乡村学校去工作，给予编制和高福利待遇，但是效果不太明显，主要教师在县域内流动时，都是选择到城市学校工作。在2021年暑期调查宁夏回族自治区南部X县和A县的124名教师时，有56.7%的教师表示不会选择到乡村学校工作，主要是自己生在县城，没有到乡村学校工作的意愿。还有24%的教师表示，即使政府派到乡村学校支教或者交流，时间在一年之内可以接受，太长时间不能接受。笔者在访谈刘姓教师时得知，她选择在县城某个实验中学教学，是县教育局通过考试招录，有正式编制，在报名的时候该校要求本科211或985高校毕业生。这位教师2015年毕业于国内著名师范大学，本科学习物理教育，通过大学英语6级，在大学期间考取教师资格证，多次获得国家奖学金和"三好学生"荣誉。她表示还要继续攻读在职教育硕士研究生，获得学位以后，职称可

以直接晋升为中学一级教师。

**2. 政府的事权和财权不对等，影响到城乡教师资源均衡配置有效落实**

为了进一步促进城乡义务教育资源公平分配，宁夏回族自治区出台了《关于城乡义务教育均衡发展行动计划的通知》《宁夏教育强县考核认定标准》《乡村教师支持计划（2015—2020年）实施办法》等政策性文件。出台以上文件主要是为各级地方政府促进教育均衡发展指明方向，对各级政府不能统筹配置教师资源的问责作出了详细的规定。宁夏回族自治区处于全国西部贫困落后地区，尤其是宁夏回族自治区南部山区属于六盘山集中连片特困地区，贫困县就达到12个。在此背景下，各级政府积极响应上级政府下发的文件精神，但是各级政府没有雄厚的财力来实现教育资源的最大化效应，难以完成宁夏回族自治区政府对义务教育资源的均衡配置要求，结果是义务教育阶段师资均衡发展遭到弱化，导致城乡义务教育师资均衡发展基本条件得不到基本保障，不利于乡村学校义务教育阶段师资高质量发展。

**3. 在教育发展过程中行政问责机制不健全，城乡义务教育师资均衡发展没有得到保障**

教育资源分配关系到国计民生，是国家经济社会发展的重大问题之一，更是一个民生问题。义务教育是提高国民素质的重要保证和基石，党中央和国务院非常重视城乡义务教育，形成问责机制以后，成为考核各级政府履职能力的重要指标之一。宁夏回族自治区在促进城乡义务教育均衡发展过程中，将义务教育均衡配置效率纳入了县级政府考核体系，一方面社会参与监督的第三方没有更多介入和参与监督，参与公开性不够透明，社会监督机制不健全，导致社会监督缺乏有效性；另一方面受到各种利益的相互牵制，教育领域行政问责机制在实施执行过程中涉及多方主体，很难有效执行，进一步影响教育问责制度的执行力度。从某种意义上说，既影响了义务教育均衡发展的整体推进效率，更阻碍了城乡义务教育师资配置的实施进度。

## （二）宁夏回族自治区城乡教师资源非均衡配置环境因素

### 1. 自然生态环境比较荒凉

根据全国生态环境条件划分，宁夏回族自治区地处西北内陆深处，属于干旱、半干旱地带，全区有86%的地区年降水量在300毫米以下，生态环境比较脆弱，水土流失严重，风沙灾害多发，森林覆盖率低和植被稀疏，人口压力和经济发展与生态环境矛盾比较尖锐。在宁夏回族自治区内部两大板块之中，宁夏回族自治区北部素有"塞上江南"之称，南部是沟壑纵横的生态荒芜之地，素有"贫瘠甲天下"之称，宁夏西海固地区的广大地区，也是干旱少雨，西海固南部的原州区、西吉县、彭阳县等地年均降雨只有400多毫米，大旱之年有的地方不足400毫米，导致人、畜饮水困难，学校经常断水，六盘山南部地区还是阴湿山区，气温低下，冬季严寒和干旱，饮水困难，村民外出打工和实施移民生态搬迁，村里的居民越来越少，于是乡村学校的年级不全，导致部分教学点仅有1～2名教师和十几个学生，部分教师是年龄在50岁以上临近退休的教师，没有更多的年轻人愿意来接替这些老教师。

### 2. 社会经济发展条件比较艰苦

首先，宁夏的社会发展较为封闭，主要是受地形的影响，受宁夏南部山区地形的影响，居民居住较为分散，设立乡村教学点，主要是跟地理环境有着较大的关系，如果撤并和转移学生将会出现较多问题，在宁夏泾源县某个乡村教学点，到最近的完全小学至少要走2.5千米的路程，还要翻越一座大山，如果将教学点撤并，学生将会走10千米的山路。由于上二年级的低龄儿童实行寄宿制，生活不能自理，在设立教学点过程中，只有老教师选择到此完成教学任务。

其次，由于在教育资源投入方面历史欠账太多，导致现代信息传输设施不完善，在高速发展的信息时代，宁夏部分贫困地区在2015年以前仅是通了电话和移动网络，互联网和移动互联网普及和使用尚未全部实现，对于电脑和多媒体等设备在教育领域应用较为困难，多数乡村学校的教师没有经过正式培训，即使安装了多媒体等教学设备也不会使用。在采访中发现，多数老教师不会使用先进的智能手机和互联网，主要是部分乡村学校和教学点的教师对信息化设备运用不够熟练，缺乏设备的维修技能，而且乡镇学校的信息化设备与城市学校的设备相比还比较落后，缺乏专业维护人员。在采访宁夏泾源县 X 乡村小学的吴姓教师时，他说自己大专毕业通过乡镇招聘到该校，承担 3 个年级的数学课和体育教学任务，由于这里信息闭塞，互联网没有普及，紧靠自己的手机流量来查阅相关资料，由于没有编制，他表示一有新的岗位将会离开这里。

### 3. 封闭的思想和狭隘意识，不利于教师专业发展

受到生态环境和社会发展条件等多项因素限制，使得义务教育阶段的基础教育也受到很多限制，尤其是多数教师不愿意到偏远山区学校从事教育工作，在采访之中得知，很多毕业生还是愿意到乡镇学校工作，但是出现"职业畏惧"，一方面是基层地区自然生态环境恶劣、交通信息不发达，更为严重的是当地居民封闭的思想，部分家长由于受到读书无用论的影响，孩子早早辍学打工才是正统，还有部分家长受到民族宗教思想影响，不太重视子女的教育。部分学生到了入学年龄需要教师到家里去请他们来读书，甚至孩子整体辍学率较高，还有一部分学生家长感觉乡村教育太差，带领孩子到县城读书，导致乡镇完全小学或教学点的学生数量在不断减少。当学生数量减少以后，引起校内教师对专业发展和教师工作的恐慌。另一方面在采访之中得知，还有地方领导的思想较为保守和狭隘，教师本身作为一种高尚的职业，但是在发展过程中，地方政府将部分优秀教师调到乡镇政府和县城各机关充实公务员队伍，本来乡村学校师资就相对薄弱，而他们没有敞开大门吸引各类优秀人才。

## （三）宁夏城乡教师资源非均衡配置的经济因素

### 1. 经济发展实力差，基础教育缺乏资金支持

宁夏作为全国 5 个少数民族自治区之一，是祖国西部物华天宝的热土，面积仅有 6.64 万平方千米，2020 年宁夏实现生产总值 3 920.55 亿元，在全国排名比较靠后。经济基础决定上层建筑，教育、文化、体育等民生项目需要地方财政的大力支持。经过查阅相关资料可知，虽然宁夏南部山区自然条件恶劣，农业单位产出量低，在中华人民共和国成立之初工业是"一穷二白"。虽然近期煤炭基地、煤化工产业基地和"西电

东送"的火电基地在发展循环经济,以及兴起的旅游业,但与其他地区相比,宁夏地区经济发展水平总量小。从表7-5中可知,宁夏地区生产总值在2019年为3 748.5亿元,在全国31个省份之中排第29名,人均GDP生产总值为54 217元,在全国31个省份之中排第20名。宁夏回族自治区经济总量小,基础教育要依靠当地财政的支持,地区经济发展的带动作用较小。进一步讲,地区经济落后在一定程度上制约了宁夏回族自治区基础教育的高质量发展。

表7-5 2019年宁夏回族自治区生产总值、人均生产总值与全国比较

| 省份 | GDP（亿元） | 排名 | 人均GDP（元） | 排名 | 省份 | GDP（亿元） | 排名 | 人均GDP（元） | 排名 |
| --- | --- | --- | --- | --- | --- | --- | --- | --- | --- |
| 北京 | 35 371.3 | 12 | 164 220 | 1 | 湖北 | 45 828.3 | 7 | 77 387 | 8 |
| 天津 | 14 104.3 | 23 | 90 371 | 7 | 湖南 | 39 752.1 | 9 | 57 540 | 14 |
| 河北 | 35 104.5 | 13 | 46 348 | 26 | 广东 | 107 671.1 | 1 | 94 172 | 6 |
| 山西 | 17 026.7 | 21 | 45 724 | 27 | 广西 | 21 237.1 | 19 | 42 964 | 29 |
| 内蒙古 | 17 212.5 | 20 | 67 852 | 11 | 海南 | 5 308.9 | 28 | 56 507 | 16 |
| 辽宁 | 24 909.5 | 15 | 57 191 | 15 | 重庆 | 23 605.8 | 17 | 75 828 | 9 |
| 吉林 | 11 726.8 | 26 | 43 475 | 28 | 四川 | 46 615.8 | 6 | 55 774 | 18 |
| 黑龙江 | 13 612.7 | 24 | 36 183 | 30 | 贵州 | 16 769.3 | 22 | 46 433 | 25 |
| 上海 | 38 155.3 | 10 | 157 279 | 2 | 云南 | 23 223.8 | 18 | 47 944 | 24 |
| 江苏 | 99 631.5 | 2 | 123 607 | 3 | 西藏 | 1 697.8 | 31 | 48 902 | 23 |
| 浙江 | 62 351.7 | 4 | 107 624 | 4 | 陕西 | 25 793.2 | 14 | 66 649 | 12 |
| 安徽 | 37 114.0 | 11 | 58 496 | 13 | 甘肃 | 8 718.3 | 27 | 32 995 | 31 |
| 福建 | 42 395.0 | 7 | 107 139 | 5 | 青海 | 2 966.0 | 30 | 48 981 | 22 |
| 江西 | 24 757.5 | 16 | 53 164 | 21 | 宁夏 | 3 748.5 | 29 | 54 217 | 20 |
| 山东 | 71 067.5 | 3 | 70 653 | 10 | 新疆 | 13 597.1 | 25 | 54 280 | 19 |
| 河南 | 54 259.2 | 5 | 56 388 | 17 | 全国 | 990 865.1 | | 70 892 | |

资料来源:根据《2020中国统计年鉴》整理。

**2.教育财政支持有限,教育投资增长缓慢**

首先,在国家大力提倡科教兴国的关键时刻,教育是民生之基,全

国各省（区、市）将支持教育事业发展摆在更加突出的位置，统筹安排资金，创新投入机制，极大地促进本地区教育事业的发展。从表7-6可知，在全国31个省（区、市）的财政预算支出中，教育事业的发展占有很高比例，广东省教育支出3 210.51亿元，在全国31个省份排第1名，相比之下，宁夏回族自治区的教育支出为179.33亿元，在全国31个省份之中排第31名，说明宁夏回族自治区的财政与外省总量上存在一定的差距。另外从全国财政的人均教育支出中可知，西藏由于人口少，人均教育支出为7 508.8元，在全国31个省份排第1名。宁夏回族自治区的人均教育支出为2 581.6元，在全国31个省份中排第12名，名次处于中间位次，由此表明宁夏回族自治区的教育发展还有一定的潜力。

表7-6 2019年宁夏回族自治区教育财政支出与全国各省（区、市）比较

| 省份 | 教育支出（亿元） | 名次 | 人均教育支出（元） | 名次 | 省份 | 教育支出（亿元） | 名次 | 人均教育支出（元） | 名次 |
| --- | --- | --- | --- | --- | --- | --- | --- | --- | --- |
| 北京 | 1 137.80 | 12 | 5 283.2 | 2 | 湖北 | 1 147.1 | 11 | 1 935.4 | 23 |
| 天津 | 467.63 | 27 | 2 994.1 | 7 | 湖南 | 1 270.02 | 8 | 1 835.7 | 29 |
| 河北 | 1 537.09 | 7 | 2 024.6 | 22 | 广东 | 3 210.51 | 1 | 2 786.7 | 10 |
| 山西 | 696.28 | 22 | 1 867.2 | 27 | 广西 | 1 014.52 | 15 | 2 045.4 | 21 |
| 内蒙古 | 609.97 | 24 | 2 401.9 | 17 | 海南 | 273.50 | 28 | 2 895.0 | 9 |
| 辽宁 | 702.38 | 21 | 1 614.0 | 30 | 重庆 | 728.26 | 20 | 2 330.9 | 18 |
| 吉林 | 500.23 | 26 | 1 859.1 | 28 | 四川 | 1 578.88 | 6 | 1 885.2 | 25 |
| 黑龙江 | 555.13 | 25 | 1 479.8 | 31 | 贵州 | 1 067.62 | 14 | 2 946.8 | 8 |
| 上海 | 995.70 | 16 | 4 100.7 | 3 | 云南 | 1 069.85 | 13 | 2 202.2 | 19 |
| 江苏 | 2 213.84 | 2 | 2 743.3 | 11 | 西藏 | 263.26 | 29 | 7 508.8 | 1 |
| 浙江 | 1 764.69 | 5 | 3 016.6 | 6 | 陕西 | 951.23 | 18 | 2 454.0 | 14 |
| 安徽 | 1 222.11 | 9 | 1 919.8 | 24 | 甘肃 | 636.05 | 23 | 2 402.5 | 16 |
| 福建 | 968.54 | 17 | 2 437.8 | 15 | 青海 | 221.37 | 30 | 3 642.0 | 4 |
| 江西 | 1 148.50 | 10 | 2 461.4 | 13 | 宁夏 | 179.33 | 31 | 2 581.6 | 12 |
| 山东 | 2 156.14 | 3 | 2 141.1 | 20 | 新疆 | 863.07 | 19 | 3 420.5 | 5 |
| 河南 | 1 810.71 | 4 | 1 878.4 | 26 | | | | | |

资料来源：根据《2020中国统计年鉴》整理。

其次，从图7-2中可知，在全国31个省份中，教育支出占财政支

出的比重最高的省份是山东省，达到20%，教育支出占财政支出比重最低的省份为黑龙江省，仅为11%，宁夏回族自治区教育支出占财政支出的比重达到了12%，在全国排第25名，说明宁夏回族自治区的教育投资与外省相比还有一定的差距。

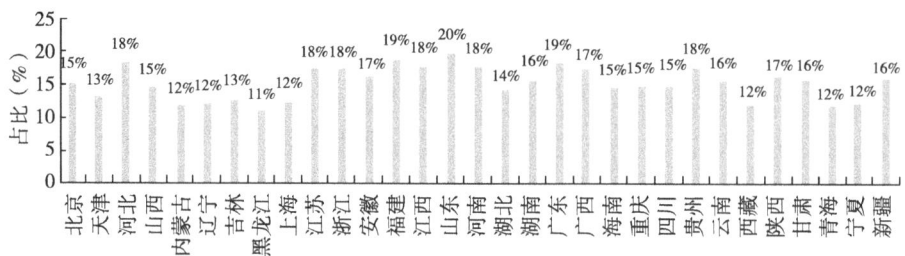

**图7-2　2019年全国各省（区、市）教育财政支出所占比重**

资料来源：根据《中国统计年鉴》整理。

最后，从宁夏教育系列支出中可知（图7-3），宁夏回族自治区在2004年教育财政支出仅为16.1亿元，到2019年增长到了179.33亿元，年均增长速度为11.2%；在2004年人均教育支出为273.9元，到2019年增长到了2 581.6元，年均增长速度为9.24%，虽然总量上得到了较快的增长，但是城乡之间教育投资仍不平等。经过调研得知，各级政府对乡村教育投资份额较少，导致乡村学校办学条件较差，多媒体教学设施和信息化教育设备不完善，由于办学条件差导致教师产生职业畏惧。为了进一步稳定乡村教师队伍，2019年宁夏回族自治区实施乡村教师补贴计划，山区教师的补贴标准达到了人均每月900元，川区补贴标准每月为500元，生态环境恶劣的地区最高补贴标准达到了1 800元。通过以上数据可知，宁夏回族自治区城乡教师资源分配已从精神激励向物质激励过渡，主要是改变以往财政对乡村教师资源投资欠缺的状况。

第七章　宁夏回族自治区城乡教师资源均衡发展现状研究

图 7-3　宁夏教育系列支出基本情况

资料来源：根据《2020 宁夏统计年鉴》整理。

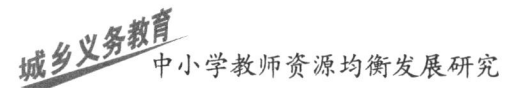

# 五、宁夏回族自治区城乡教师资源均衡分配政策支持与优化路径

宁夏回族自治区为了建设一支高素质的乡村教师队伍，均衡配置城乡教师资源，在2016年1月宁夏回族自治区政府出台了《乡村教师支持计划（2015—2020年）实施办法》（以下简称《实施办法》），出台这一办法是加强乡村教师队伍建设的重大举措，主要是因为全区有27%的初中、41%的小学布局在乡村。为进一步提高乡村教育质量，关键是提高教师业务素质。在《实施办法》中围绕乡村教师"下得去、留得住、教得好"的主旨，重点在乡村教师的薪酬、编制、职称、荣誉等多个方面作出了具体规定和保障措施。

## （一）切实提升乡村教师的生活待遇

在宁夏回族自治区政府出台《实施办法》以后，主要通过乡村教师工资福利、奖励补助、定期体检、保障房建设计划和社保补贴等多种措施来提高乡村教师待遇。

第一，根据国家乡村教师支持计划，依法依规落实乡村教师工资待遇政策，根据地区的实际情况，在适当的时候提高乡村教师工资标准，主要是在对乡镇工作补贴累加200～600元的基础上，对于山区教师每人每月提高500元，川区教师每人每月提高300元，增加的补贴标准实施财政分级按比例分担。还有部分县根据乡村学校距离远近实施分级补贴，如宁夏西吉县实施乡村教师交通补贴机制，根据所在学校距离县城的单向距离远近，每人每月分别补贴200元、400元和600元等不同级别的补助，同时还实施乡村特岗教师班主任津贴制度，由乡村学校申报，县教育局和财政局依据每人每月100～200元标准审核发放。

第二，根据教师比例实施乡村骨干教师支持计划，每个市、县（区）

每年按照10%的教师数量来认定乡村骨干教师，并且给予奖励补助，具体评定和考核办法依据各地实际情况自行制定，并兑现骨干教师津贴。

第三，为乡村教师定期体检，每年至少为乡村教师进行一次健康体检，保证乡村教师的身体健康，促进乡村教师的身心健康。

第四，在同一个县域内夫妻双方都在教育行业工作，在自愿选择的背景下，由市、县（区）负责选调一方到离家交通距离较近的学校工作。

第五，依据填平补齐的工作原则，给予边远艰苦地区的乡村学校实施周转房计划，各个市、县（区）按照规定，将符合条件的乡村教师住房纳入地方住房保障范围，由市、县（区）政府统筹解决，帮助乡村教师解决住房难的问题。

第六，依据教育部、财政部、人事部、中央编办出台的《关于实施农村义务教育阶段学校教师特设岗位计划的通知》，确保当地招录特岗教师工资、补贴和津贴及时兑现。

## （二）通过多种途径拓展乡村教师的培养和补充渠道

宁夏为了进一步补充乡村教师数量，维持正常的教学秩序，采取了多种措施弥补乡村教师的结构性短缺。

第一，统筹区内师范专业的招生计划，创新区内师范生培养模式，规定师范生全程学习实践制度。依据乡村学校的发展特点和实际需求完善课程体系，建立起师范院校与研训机构、中小学联合培养乡村教师培养模式。

第二，不断增强乡村教师的培养力度，在2016年宁夏回族自治区出台了《实施办法》以后，将各地的免费师范生计划由每年的200名提高到300名，由区内高等院校定向培养出"一技多能"的复合型专业教师，签订协议到乡村学校任教。

第三，实施国家和地方农村义务教育阶段教师特岗计划，重点是加强音乐、体育、美术等紧缺型教师的培养力度。

第四，根据宁夏回族自治区高等院校毕业生国家助学贷款代偿暂行办法，如果区内高校学生毕业后选择到乡村学校任教，可以由政府来代偿国家助学贷款。

第五，对于自愿到乡村学校支教的退休特级教师和高级教师，经过支

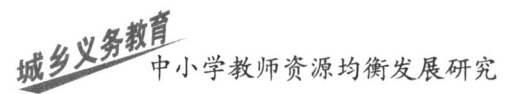

教学校和教育主管部门的审核和公示，统一由各市、县财政按照每人每年2万元的标准予以补偿。

## （三）促进中小学教师编制的动态管理

在2015年宁夏回族自治区政府出台了《关于调整中小学教职工编制标准及核定市、县（区）中小学教职工编制的通知》指出，县级机构编制部门会同有关教育行政部门根据班额、生源等情况，在全区教育部门核定中小学教职工编制总量，对本地区中小学教职工编制进行动态调整，主要目的是向人口稀少的乡村学校和教学点倾斜，保证教学点的师资配备和开足国家规定的相关课程，严禁在有合格教师来源下存在"有编不补"和长期临时聘用代课教师的现象，更不允许各部门以各种理由变相占用乡村中小学教师的编制数量。

## （四）教师职称评审向乡村教师倾斜

教师职称或职务评审是教师职业生涯发展的根基，为了促进乡村教师职业发展，在教师职称评审过程中，宁夏回族自治区积极响应国家乡村教师支持计划，在职称评审过程中向乡村教师倾斜，实现县域内教师岗位结构比例总体平衡。乡村教师在职称评审过程中，对于科研论文、外语不做硬性要求，主要考察师风师德、工作业绩和一线教学经历。在乡村学校任教达一定年限后，符合评审条件的教师和业绩较为突出的教师，评聘中高级职称不受岗位职位数量的限制，城市中小学教师在晋升中高级职称或职务时，必须有乡村学校或薄弱学校任教1年以上的经历。

## （五）推动城乡教师健康有序流动

探索城乡义务教育阶段教师队伍的"县管校聘"管理体制改革，积极构建起城市学校教师到乡村学校任教的制度。采取定期交流、跨校竞聘、学区一体化管理、校际联盟、对口支援、乡镇中心校教师走教等多种途径，鼓励城市学校教师和校长到乡村中小学支教和交流。在本县内重点推动县城学校教师到乡村学校交流轮岗，在乡镇范围内重点推动中心学校教师到乡村小学和教学点交流一年以上。通过实施城市教师到乡村学校交流，促进城乡之间教师有效流动，为促进城乡教育均衡发展和实现教育公平发挥一定的作用。

## （六）不断提升乡村教师综合素养

第一，学习国内教师培训制度，以"国培计划"为基础，构建自治区、市、县（区）、校四级联动培训网络，宁夏回族自治区划拨专项资金，重点支持乡村教师提升教学能力的培训工作，当地政府要切实履行教师培养培训主体责任，把乡村教师培训纳入基本公共服务体系，进一步增加乡村教师的培训时间，提升培训质量。

第二，进一步探索成立乡村教育人才培养基地，以"国培计划"为基础，集中培养乡村教师和校长，重点是乡村教学点和乡村学校校长全部轮训一遍。截至2020年末已对乡村教师、校长每人进行不少于360学时的培训，核心任务是加强音乐、体育、美术、英语、科学、综合实验等薄弱学科教师的培训。

第三，由于乡村教师信息技术欠缺，对现代信息技术不熟练，需要对教师的远程教学、数字化课程等信息技术手段进行培训，破解乡村优质教学资源不足的难题。

第四，根据乡村学校对教师的实际需要数量，采取顶岗支教、网络线上学习、送教下乡、专家指导、校本研修、乡村教师访名校等多种形式，增强培训的针对性和时效性。

第五，宁夏回族自治区经过研究决定，每年培育25名乡村教学名师，每年建设25名乡村名师工作室和25名塞上名师工作站，重点是帮助乡村青年教师快速成长。

## （七）健全乡村教师荣誉制度

第一，教师作为一种高尚的职业，具有一定的社会地位，要树立尊师重教的氛围。自治区、市、县（区）分别给予在乡村学校从教20年、

15年、10年以上的教师嘉奖,每年给予一次表彰奖励和慰问,具体办法由各市、县(区)自行制定。

第二,构建乡村教师疗养制度,区内财政设立专项资金,每年组织100名从教20年以上的优秀乡村教师到省外进行疗休养。

第三,在评选"塞上名师"、特级教师、自治区级骨干教师等荣誉时,对乡村教师要适当放宽条件,向乡村教师倾斜。

第四,市、县两级政府在评选先进教育集体和先进个人时,对乡村学校、乡村教师所占比例不能低于30%,倡导社会各界团体和企业设立专项基金,对长期在乡村中小学,尤其是山区学校任教的优秀教师给予物质奖励。

## 六、本章小结

本章主要讨论了宁夏回族自治区义务教育阶段城乡教师资源配置现状,具体总结如下。

首先,宁夏回族自治区在成立之时教师数量较少,改革开放以后教师数量显著增加,目前教师总量充足,但是局部配置失衡,尤其是乡村学校教师数量短缺,教师呈现出老龄化趋势,英语、音乐、体育、美术等学科教师短缺。

其次,宁夏回族自治区教师资源未能实现均衡配置的原因,主要是乡村地区生态环境恶劣,社会经济发展落后,国家政策尚未在教师资源配置中发挥指令性作用。

最后,宁夏回族自治区积极响应国家乡村支持计划,为了及时弥补乡村学校教师数量短缺的问题,通过多种途径招录乡村教师,提高乡村教师生活待遇补贴、职称评审倾斜和提高乡村教师社会地位等多种方式,稳定乡村教师队伍。

# 第八章 我国城乡教师资源统筹发展的基层调查研究

经过对全国城乡教师均衡配置理论与实践模式的阐述,以及各省(区)教师资源分配的现状、问题和优化配置措施进行深入分析,由此本章基于国内 X 县的城乡教师资源配置进行实地调研与访谈,分析乡村教师短缺的原因,深入解读该县政府对乡村教师资源均衡配置所采取的措施,为深刻理解国内城乡教育资源均衡配置,提高乡村教育质量提供更多理论参考。

# 一、国内 X 县教师资源基本情况

在 2021 年 7 月下旬对国内 X 县教育主管部门和部分教师进行访谈,该县共有 64 所义务教育学校,其中布局在城镇和县城的学校为 43 所,乡村学校和教学点为 12 所,义务教育阶段学生总数为 26 587 名,全县在岗教职工为 1 620 名,其中专职教师为 1 576 名。笔者与 X 县教育局人事股 W 股长进行深入访谈,了解当地城乡教师资源配置和乡村学校教师队伍建设情况,具体如下。

## (一) X 县城乡义务教育阶段学校教师队伍的规模

X 县教育局 W 股长表示在义务教育阶段学校为了补充教师资源[①],通过公开招录和特岗教师计划,根据退休教师数量采取"随退即补"的方式,每年 6 月公开招录 50 名高校毕业生,包括公费师范生和特岗教师计划,截至 2021 年 7 月末县城和城镇义务教育学校在岗教师为 1 123 名,在籍学生为 24 500 名,乡村学校在岗教师为 497 名,在籍学生总数为 2 087 人。县城中小学的教师数量是乡村中小学教师总数的 2 倍,原因是乡村学校学生数量持续减少,而县城或乡镇中小学的学生数量在逐年增加。在系统核算该县县城、乡镇和乡村学校师生比和班师比计算结果可知

---

① 依据学术惯例,笔者对采访地区、中学、人员的名字都进行了技术处理,下文同,不另注。

（表8-1），县城学校"缺编"和乡村学校"超编"现象较为明显，但是不代表乡村学校教师数量充足，城乡师资结构失衡现象较为严重。

表8-1 国家与X县教师编制标准

|  | 国家小学教师编制 | | X县小学教师编制 | | | 国家初中教师编制 | | X县初中教师编制 | |
|---|---|---|---|---|---|---|---|---|---|
|  | 生师比 | 班师比 | 生师比 | 班师比 |  | 生师比 | 班师比 | 生师比 | 班师比 |
| 县城 | 19∶1 | 1.8∶1 | 25.9∶1 | 4.7∶1 | 县城 | 13.5∶1 | 2.7∶1 | 24.2∶1 | 3.5∶1 |
| 城镇 | 21∶1 | 1.8∶1 | 14.3∶1 | 3.7∶1 | 城镇 | 16∶1 | 2.7∶1 | 11.9∶1 | 3.5∶1 |
| 乡村 | 23∶1 | 酌定 | 4.2∶1 | 3.1∶1 | 乡村 | 19∶1 | 2.7∶1 | 6.3∶1 | 3.3∶1 |

资料来源：根据X县教育局提供资料整理。

首先，从生师比的角度看，在X县的乡村学校或教学点教师不短缺，村级小学生师比达到了4.2∶1，但是县城小学的生师比达到25.9∶1，而且城镇小学生师比14.3∶1。依据国家对教师编制标准可知，在X县内乡村学校教师超编现象较为严重，而城镇和县城小学生师比明显超过国家规定标准，城乡教师资源严重不平衡。通过访谈该县教育局人事股W股长可知，近三年之内乡村学龄儿童都涌向县城，通过购买学区房，或者家长想方设法通过各种途径将孩子从农村转移到县城中小学就读，导致乡村小学生源在持续减少，甚至有的乡村小学的学生数量不足50人，为了开足开齐所有学科课程，还是需要配齐各学科教师。从国家放开生二孩政策以后，县城学校学龄儿童在持续递增，受到编制和财政拨款的影响，虽然每年都在为县城小学和中学招录新教师，但是相比学生增长数量还是显得不足。

其次，从现有班师比看，县城和城镇中小学的班师比都超过了国家规定的班师比标准，现有教师无法满足教学和工作的需要，给全校教师工作带来了较大的负担。将村小合并到中心校以后，乡村教师数量又明显不足。

## （二）X县城乡义务教育学校教师队伍的整体质量

在教育资源中教师作为一种具有可以流动的人力资源，教师本身受到多种因素的影响。在衡量教师综合素质方面没有统一的标准，对X县城各类学校教师综合素质调研，结果如下。

一是教师年龄结构。在表 8-2 中显示了 X 县的县城、城镇、乡村三类学校教师年龄结构的百分比,县城初中和小学教师处于 35~49 岁的教师占比分别为 52.5% 和 47.2%,说明处于中年的教师占到一半左右,这些教师工作精力充沛,教学经验丰富。超过 50 岁教师和低于 35 岁的教师占到 50%,教师年龄形成了"中间大、两头大"的发展特征;在镇级初中和小学处于 35~49 岁的中年教师数量百分比分别为 45.2% 和 42.8%,超过 50 岁的教师处于 30%,低于 35 岁的青年教师处于 20%,也是"中间大、两头小"的结构特征,说明年龄结构基本合理。在乡村初中和小学处于 35~49 岁的中年教师数量占比分别为 13.9% 和 15.7%,超过 50 岁以上的教师占比分别为 38.6% 和 45.6%,低于 35 岁的青年教师分别为 47.5% 和 28.7%,说明乡村学校教师年龄结构上呈现出"中间小、两头大"的特征,与县城初中和小学教师年龄结构形成了鲜明的对比,乡村初中和小学缺乏教学经验丰富和工作精力充沛的中青年教师。经过调研可知,乡村小学教师有一半以上是新毕业的大学生,将乡村学校工作作为"过渡期",一旦有调动机会将会调走。目前,乡村学校临近或者超过 50 岁的教师,部分教师本身家庭就在本村,部分是乡镇民办教师,通过民办教师转为公办教师以后,成为乡村学校的"骨干教师",不想离开自己深爱的学校。说明乡村学校教师老龄化趋势较为严重,虽然国家在推进素质教育教学改革,但是部分教师知识体系陈旧,教学观念更新较慢,影响了教学改革,使得教学质量难以提高,无法满足素质教育和新课改的基本要求。

表 8-2 国内 X 县教师年龄结构

| | 初中教师年龄结构占比 | | | | 小学教师年龄结构占比 | | |
| --- | --- | --- | --- | --- | --- | --- | --- |
| | ≥ 50 岁 | 35~49 岁 | ≤ 35 岁 | | ≥ 50 岁 | 35~49 岁 | ≤ 35 岁 |
| 县城 | 15.2% | 52.5% | 32.3% | 县城 | 22.1% | 47.2% | 30.7% |
| 城镇 | 35.2% | 45.2% | 19.6% | 城镇 | 33.1% | 42.8% | 24.1% |
| 乡村 | 38.6% | 13.9% | 47.5% | 乡村 | 45.6% | 15.7% | 28.7% |

资料来源:根据相关资料和调研资料整理。

二是教师性别结构。从表 8-3 中可知,首先,县城初中女教师占全体教师总数的 62.5%,男教师总数所占比重为 37.5%,城镇初中男女教师处于均衡状态,到乡村初中女老师所占比重仅为 33.8%,男教师所占比重高达 66.2%。从性别上看,县城中学女教师多,乡村中学女教师少,教师性别失衡。其次，县城小学和城镇小学教师性别差距不大，女教师所占比重超过男教师占比，但是乡村小学教师性别严重失衡，男教师总数占比是女教师的 2 倍，农村留守儿童多，需要女教师来承担母亲的角色，助力更多留守儿童成长。

表 8-3　国内 X 县教师性别结构

| | 初中教师性别结构 | | | 小学教师性别结构 | |
|---|---|---|---|---|---|
| | 男 | 女 | | 男 | 女 |
| 县城 | 37.5% | 62.5% | 县城 | 45.2% | 54.8% |
| 城镇 | 52.8% | 48.2% | 城镇 | 41.1% | 58.9% |
| 乡村 | 66.2% | 33.8% | 乡村 | 75.1% | 24.9% |

资料来源：根据调研资料整理。

三是教师学历结构。首先，从表 8-4 中可知，县城初中教师硕士研究生和本科学历达到 100%；城镇中学还没有硕士研究生，本科学历教师占到 87.5%，专科及以下学历的教师占到 12.5%；乡村初中教师大专学历占到 75.2%。其次，县城小学教师学历，硕士研究生和本科学历达到 98.8%，专科学历占到 1.2%；乡镇小学教师本科学历占比为 88.52%，专科和中师学历的教师占比达到 11.48%；乡村小学教师专科学历占比为 62.52%，本科学历的教师总数占比仅为 18.5%。通过访谈可知，本科学历教师都是教育部推出免费师范生，以及通过招录"特岗计划"进入乡村小学工作的教师，原有教师以专科学历为主，部分教师是 60 后或 70 后中师毕业以后进入到乡村小学工作，通过自学考试、函授和网络教育等途径获得大专学历，尽管部分教师的教学经验相对丰富，但是教学知识结构和教学技能方面相对落后。

表 8-4　国内 X 县教师学历结构

| | 初中教师学历结构 | | | | | 小学教师学历结构 | | | |
|---|---|---|---|---|---|---|---|---|---|
| | 硕士 | 本科 | 专科 | 中师及以下 | | 硕士 | 本科 | 专科 | 中师及以下 |
| 县城 | 6.5% | 93.5% | 0.0% | 0.0% | 县城 | 0.58% | 98.22% | 1.20% | 0.0% |
| 城镇 | 0.0% | 87.5% | 10.5% | 2.0% | 城镇 | 0.0% | 88.52% | 10.25% | 1.23% |
| 乡村 | 0.0% | 6.3% | 75.2% | 18.5% | 乡村 | 0.0% | 18.50% | 62.52% | 18.98% |

资料来源：根据调研资料整理。

四是教师职称结构。1986年我国建立了中小学教师职务聘任制度,对调动广大中小学教师积极性和提高中小学教师整体素质,促进基础教育事业发展,发挥了重要的作用。在X县内义务教育阶段中小学教师,通过县级教育主管部门评审,有2/3的教师获得中级职称,中学教师获得中教三级、二级、一级、高级职称,小学教师获得小教三级、二级、一级、高级职称,截至2020年7月有1 224名教师获得职称(表8-5)。

表8-5 国内X县教师职称结构

| | 初中教师职称结构 | | | | | 小学教师职称结构 | | | |
| --- | --- | --- | --- | --- | --- | --- | --- | --- | --- |
| | 中教三级 | 中教二级 | 中教一级 | 中教高级 | | 小教三级 | 小教二级 | 小教一级 | 小教高级 |
| 县城 | 12.5% | 28.4% | 42.5% | 6.5% | 县城 | 18.5% | 29.5% | 45.12% | 3.58% |
| 城镇 | 26.25% | 45.2% | 27.5% | 1.05% | 城镇 | 28.25% | 21.24% | 45.27% | 5.24% |
| 乡村 | 56.2% | 35.6% | 8.2% | 0.0% | 乡村 | 49.25% | 34.53% | 15.20% | 1.02% |

资料来源:根据调研资料整理

首先,X县获批中教一级教师占到在岗教师总数的42.5%,获得中教高级职称占在岗教师总数的6.5%。相比之下,城镇中学和乡村中学聘为中教一级分别占27.5%和8.2%,城镇中学具有中教高级职称的教师仅占1.05%,乡村中学没有中教高级的教师。在X县S中学笔者与L校长交流可知,由于该校属于乡村中学,共有42名专任教师,仅有他一人在2010年获批中教一级教师,后来被聘为校长,其他教师都是中教二级或中教三级。在2015年国家出台《乡村教师支持计划(2015—2020年)》,在此之前教师晋升职称需要发表论文和加试外语,由于条件不够,外加教师教学成绩不理想,与城镇中学和县城中学教师相比没有优势,导致更多乡村教师失去晋升机会。目前,乡村教师中教三级都是新入职的青年教师,他们在外语、计算机和发表论文方面具备一定的优势,工作三年可以晋升为中教二级。

其次,在小学教师职称方面,县城和城镇小学获得小教一级和小教高级的教师接近50%,但乡村小学小教一级和小教高级教师不足20%,而小教三级和小教二级教师所占比重达到了80%。经过笔者与该县W小学B校长交流可知,乡村小学部分教师学历低,多数教师是靠工龄晋升职称,每年需要乡镇或者县教育局关照才能提升职称,获得小教高级职称的教师寥寥无几。近期随着国家推出各种乡村教师支持计划，特别提出在乡村教师职称评审方面给予政策倾斜，但是覆盖范围较小，受到职位数量和各种政策限制，多数教师也多次申报过，但是获批职称晋升名额较少。

第八章 我国城乡教师资源统筹发展的基层调查研究

## 二、国内 X 县教师城乡流动意愿调查分析

为了实现城乡教育一体化，实现城乡教师资源均衡发展，促进城区（县城）学校的教师向乡村学校流动，引领县城教学能手向乡村学校流动，为乡村学校培育更多优秀教学能手，同时乡村教师进入上级学校进修学习一段时间以后，回到乡村学校工作，为乡村教师队伍发展壮大提供更多支持。由此，在 2021 年 7 月就城乡教师资源流动意愿展开调查，选择全县在岗 278 名教师，其中乡村学校在岗教师为 152 名，县城学校在岗教师为 126 名，年龄覆盖到 22~55 岁，共计收回有效问卷 264 份，问卷有效率达到了 94.96%。

### （一）县城学校教师愿意向乡村学校流动结果分析

在对县城中小学教师就城乡流动意愿调查时，共有 126 名教师填写问卷。根据图 8-1 可知，有 37.50% 的教师表示愿意到乡村学校工作，缓解乡村教师的不足，为我国乡村教育事业作出更多贡献。另外有 60.23% 的教师表示不愿意到乡村学校流动。以是否愿意去乡村学校流动分为两个小组，对各自的原因进行分析，具体结果如下。

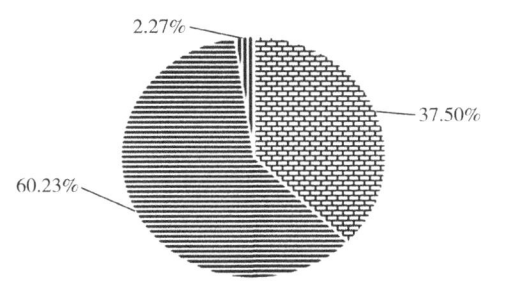

图 8-1 县城教师流动意愿调查

资料来源：根据调查问卷整理。

首先，从图8-2中可知愿意流动到乡村学校的原因，有88.90%的教师表示将县城优质教师向乡村学校输送，促进教育公平；有85.25%的教师表示短期内可以到乡村学校支教，帮助乡村学校青年教师快速成长，为乡村学校打造"一支带不走的教师队伍"；有92.50%的教师表示到乡村学校工作是缓解乡村教师短缺的问题；有78.50%的教师具有"乡愁"情节，他们表示自己本身生在农村，虽然身在县城发展，在有生之年还要回报家乡人民，自己作为一名人民教师，愿意为家乡事业作贡献；有66.30%的教师表示要积极响应党中央提出"为党育人、为国育才"的精神，能到乡村学校工作更能体现人生价值。乡村更需要教学经验丰富的教师来支援，将乡村学校办好，在实现教育公平的基础上，帮助更多的孩子实现梦想，让更多大山里的孩子成为国家栋梁之才来回报家乡。

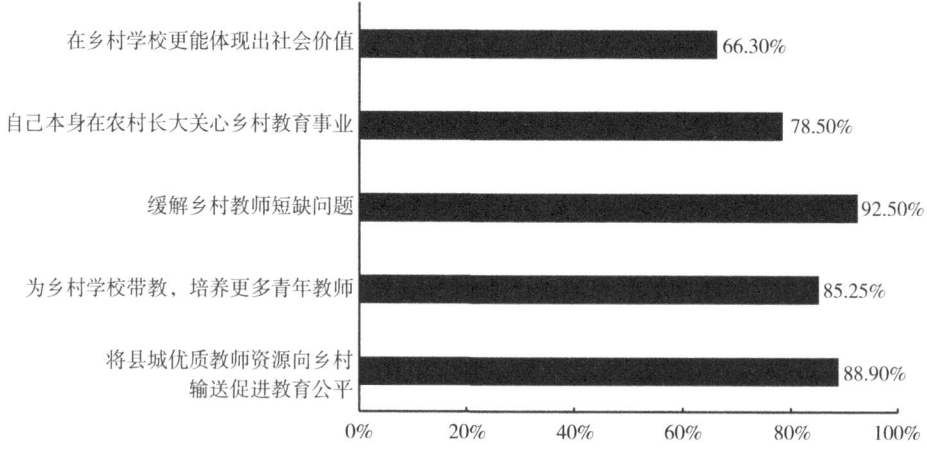

图8-2 县城学校教师愿意流动的原因调查

资料来源：根据调查问卷整理。

其次，从图8-3中可知县城学校的教师不愿意到乡村学校流动的具体原因，有95.16%的教师表示乡村离家远和办学条件艰苦，怕身体吃不消，部分教师讲到乡村学校不比县城，自己患有一些疾病，每天工作以后需要休息和服药，年龄和身体都已经退化，显得力不从心；有58.29%的教师表示家里孩子小或者父母年龄大了需要照顾；有91.25%的教师表示乡村学校工作任务多，但是工资收入低；有54.20%的教师表示自己教学能力有限，乡村学校需要"全科型"教师，他们提到自从大学毕业以后在县城学校教学，对某一门课程教学体系较为熟悉，如果到了乡村学校需要教授两门以上的课程，课堂教学不专业，生怕误人子弟；有35.78%的教师说本身出身于农村，在城市的工作环境和办学条件较为优越，不愿意再回到农村工作；有65.92%的教师表示到了乡村学校教学不能体现社会价值，没有社会地位；有45.20%的教师表示离开县城工作将会影响到自己的视野，有一部分教师始终研究新课改等相关课题，学习前沿教育改革方法，在县城学校对研究成果进行实践，一旦离开本单位将不利于开展各类科研。

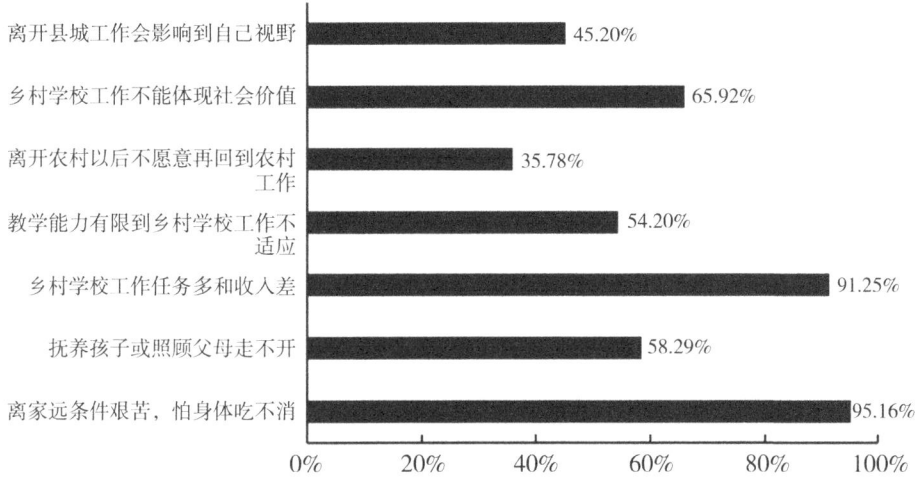

图8-3　县城学校教师不愿意流动的原因调查

资料来源：根据调查问卷整理。

通过以上两组调查结果可知，县城学校的教师表示愿意下沉到乡村学校支教，笔者对其反思如下。

首先，教师是一种高尚的职业，由于城乡二元结构导致城市和农村之间办学条件和教学方式存在一定的差异。由于乡村学校比较落后，县城学校的多数教师愿意将各类优质教育资源向乡村学校输送，部分教师还有"乡愁"情节，愿意为家乡教育事业作出贡献，更能体现出多名教师具有责任担当和奉献精神。

其次，部分教师比较关注乡村学校工作付出与收入是否均衡，是否能够影响到家庭稳定和身体健康，不能说这些教师没有奉献精神。既然选择教师这一行业，本身就是教书育人，应该具有奉献精神，同时到艰苦的地方去工作，那样才能体现人民教师的奉献精神。

最后，通过这次调研结果，郑重向社会各界呼吁关注乡村教育问题，举全社会之力办好乡村教育，实现城乡之间教育均衡，切实提高乡村学校教育质量，为提高国民素质和乡村振兴作出更多贡献。

## （二）乡村学校教师愿意向县城学校流动结果分析

在调查乡村教师向县城学校流动的意愿时，随机选择 X 县乡村学校在岗教师 152 名，调查结果见图 8-4，有 70.50% 的教师愿意到县城或者市里各类学校交流和学习，有 29.50% 的教师不愿意到县城学校流动。按照愿意流动和不愿意流动分为两组，将是否愿意到县城学校流动的原因进行调查。

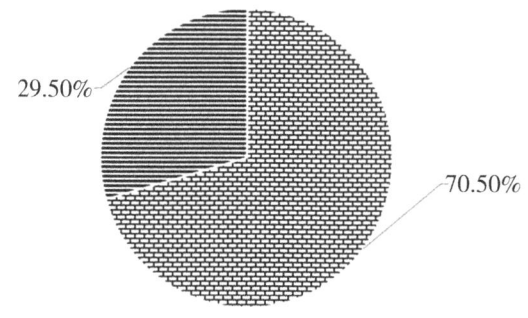

图 8-4 乡村教师流动意愿调查

资料来源：根据调查问卷整理。

首先，从图 8-5 可知乡村教师愿意流动的原因，有 89.25% 的教师表示学习外校先进的教学模式，有助于提高教学技能；有 96.40% 的教师表示亲自到县城学校去观摩学生管理模式，对于独生子女和留守儿童教育需要付出更多的精力，在城市学校对于学生的心理疏导和教育管理相比乡村学校更加精细和科学；有 78.52% 的教师表示到县城学校访学交流，掌握更多教案设计、课堂时间管理、学生成绩评价、学生课外阅读、心理辅导、价值观教育方法，对自己职业生涯受益良多；有 78.89% 的教师表示到大城市交流访学，能够熟练操作各种课程实验技术和各类教育网站优质课堂利用方式，让乡村的孩子远程享受到国内优质课堂；有 90.25% 的教师能够开拓视野，否则乡村教师没有高境界，影响到教育质量；有 75.25% 的教师表示家在县城出行较为便利，想到县城学校交流。

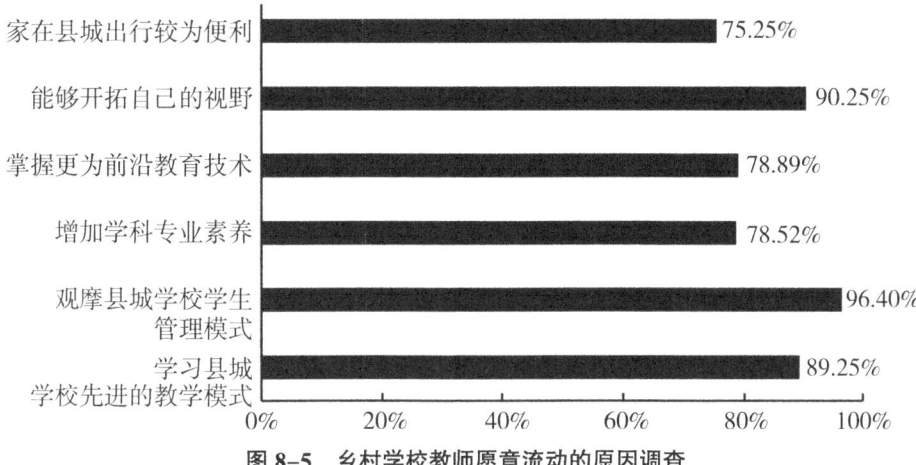

图 8-5 乡村学校教师愿意流动的原因调查

资料来源：根据调查问卷整理。

其次，从图8-6可知乡村教师不愿意进入县城学校流动的原因。有91.25%的教师表示自己知识面窄，到了县城交流学习或者进修跟不上节奏；有66.25%的教师表示有自卑心和没有太多成就，更没有得到社会的充分认可，感觉社会地位低，进入大城市的学校进修怕被歧视；有28.53%的教师表示曾经进修过一年，感觉没有太多收获；有88.56%的教师表示自己在单位身兼数职，工作任务重，没有时间进入县城学校交流；有50.25%的教师表示自己不适应城市生活；有88.36%的教师表示自己也想进步，但是在现实中家庭和各种事务限制了交流的机会。

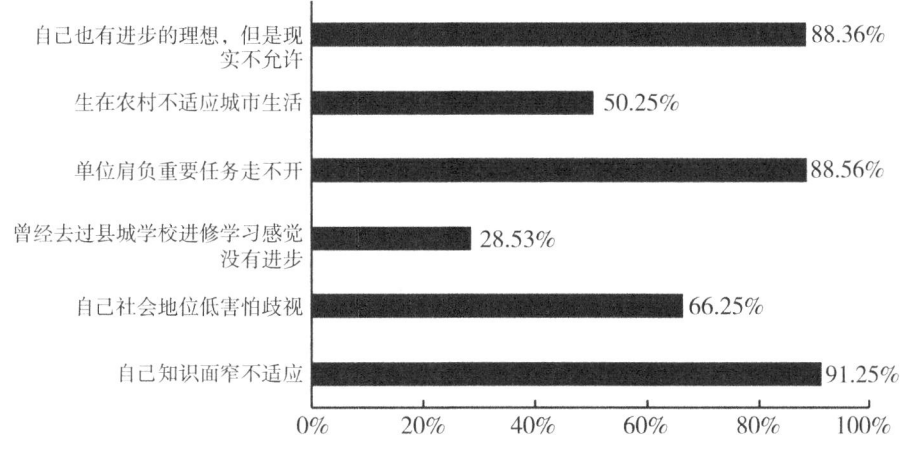

图 8-6 乡村学校教师不愿意流动的原因调查

资料来源：根据调查问卷整理。

在分析了乡村教师是否愿意到外校交流的原因以后，笔者有两点反思。

首先，乡村教师愿意到城市学校流动，不是急于调回县城学校工作，更多的教师选择去学习教学方法、教育技术、学生管理，来增加专业素养，可见一些教师还是很珍惜乡村教师这份职业，愿意付出更多努力切实提高教育质量；另外还有部分教师在学校身兼数职，一旦离开学校教学无法运转，可见部分教师关心乡村教育事业，这是一种值得肯定和表扬的事情。

其次，部分乡村教师在乡村工作多年，由民办教师转为公办教师，或者是毕业以后来到乡村学校工作，相比在城市或县城工作的教师，总感觉身份卑微，长期工作压抑让很多教师没有成就感。因此，需要政府营造全社会尊师重教的氛围，关注乡村教师的待遇问题。

## 三、国内 X 县乡村教师资源短缺原因调查

在 2021 年 7 月从教师个人原因、经济收入、管理制度、办学条件四个维度设计调查问卷，对 X 县在岗教师深入了解乡村教师资源短缺的原因和教师队伍建设面临的困难。本次共计发放 152 份问卷，收回有效问卷 148 份，问卷有效率为 97.36%，具体调查结果和访谈笔录整理如下。

### （一）乡村教师个人原因调查

在图 8-7 中显示了乡村教师的工作情况和教师队伍建设情况。首先，有 82.50% 的教师表示到乡村学校工作离县城太远，因为居住在县里，每天到乡村学校工作开车至少要 50 分钟，遇到突发情况非常不方便；有 65.20% 的教师表示家里小孩需要上下学接送，父母年龄大了需要照顾，如果夫妻双方都到乡下工作，家庭运转不灵；有 78.20% 的教师表示自己年龄大了，不适合去乡村学校工作；有 69.80% 的教师表示身体健康状况不好，每天奔波于城乡之间心有余而力不足；有 85.60% 的教师表示自己本科毕业留在乡村学校工作，有点大材小用，本身毕业于 985 高校和 211 高校的研究生和免费师范生，在签订就业协议时说好安排在县城学校工作五年，按照合同规定自己可以选择到县城中小学或高中工作，还是被下派到乡村学校工作 1 年或 2 年；有 95.20% 的教师表示留在县城工作才能实现自己的工作价值，如果调不回县城学校将会选择辞职。

通过以上调查问卷结果可知，当前我国传统教育观念认为，家长和子女的观念都是学而优则仕，希望找到收入高、环境好、工作压力小的工作，能够担任中小学教师，平时学习成绩优秀。在选择教师这份职业以后，除了特岗教师必须留在乡村工作，其余都想留在县城。如果留在乡村中小学工作，感觉自己是从农村出去的，毕业以后又回到乡村学校工作，面对家乡老邻旧居面子上过不去，即使在县城中小学不受重视，也不愿意

到乡村学校担任骨干教师,这是部分教师的真实想法。

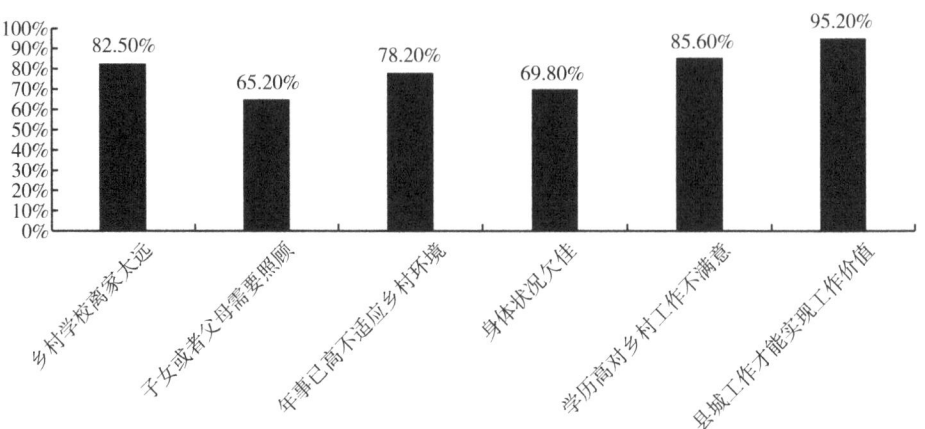

图 8-7 乡村学校教师个人状况调查问卷结果

资料来源:根据调查问卷整理。

在对城乡教师资源均衡配置过程中,笔者在 X 县访谈了 A 教师和 B 教师,访谈记录整理如下。

AK 镇 SS 镇中学 A 教师访谈记录资料整理:A 教师,1988 年出生,男,已婚,妻子在县公路局工作,育有一子一女,2012 年从东北师范大学物理教育专业毕业,本科学历,是国内第二届公费师范生。毕业以后回到县教育局等待工作分配,最初 X 县教育局让 A 教师到 G 镇初级中学工作,由于该中学缺英语老师和数学老师,他本身是学物理教育专业教初中数学,勉强接受这份工作。在连续教三年数学以后申请教物理,校长给他解释全校仅需要两位物理教师,现任物理教师离着退休年龄还有 10 多年,他们不能转行。A 教师无奈还是继续教数学,每年学生考试成绩在全镇 6 个平行班之中排前两名。到五年服务期结束时校长多次挽留 A 教师,但是 A 老师考虑到专业不对口,自己本身不喜欢数学。他通过公开选拔考到县城一所高中教授物理。

A 教师表示在乡镇学校工作,每周五天都吃住在学校,每天要备课、写教案、参与教研活动和观摩课堂,还要担任班主任,负责所带班级寄宿学生的生活起居、心理辅导、家访等工作,平均每天工作时间在 12 小时以上。在结婚以后房子买在县城,到周六上午才能回到县城家中,周日晚上还要回到乡村学校看学生上晚自习,一周仅能在家休息两个白天和一个晚上。自从有了孩子以后,需要父母来帮着带孩子。至于休息时间、距离远近、经济收入、工作轻重都不是问题，主要是数学不是自己的强项，选择离开这所学校，回到县城一所高中教授物理课，这样工作才能显得游刃有余。

AQ镇K村中心小学B教师访谈记录资料整理：B教师，女，1965年出生，大专学历，丧偶，家住在县城，育有一女，女儿已经大学毕业，在本县国税局工作。2012年以后她在该中心小学担任教导主任，该所中心小学周边都是农村，离着城镇最近距离为20千米，接受周边12个行政村的小学学龄儿童，学生最多时达到160人，全校有15位教师，专职教师为11名。B教师主要负责教学质量管理，由于家在县城，每天奔波于乡村与县城之间，从2004年上下班都是搭乘同事的汽车。年龄临近50岁时，全校实行新课改和教学方法改革，在工作上显得力不从心。B教师讲到她是在该校连续工作时间最长的领导，多数从县城或乡镇学校调到该校任职的领导，工作不到两年或者一年都调走了，只有她在此连续担任11年的教导主任。由于长期超负荷工作身体患有多种疾病，向上级教育主管部门打报告辞去教导主任职务，同时申请调回县城小学工作，但是没有得到批准，目前还在该校担任教导主任和督学。

在访谈中她表示，自己在那所乡村小学工作了近25年，从一毕业就在此工作，见证了学校的发展，除了没有教授过音乐和体育课以外，小学所有学科教学自己全部担任过。由于乡村小学办学条件差，常有教师选择调离，在教师空缺时都是她临时代课。她说在乡村小学工作，确实一些新毕业的大学生理想远大，感觉山沟子里的学校出不来多少成绩，早点离开这里是最佳选择。B教师还讲到，在选择做人民教师时就认定会在此工作一生，但是青年教师不这样认为，他们认为只有到条件更好的学校才能实现理想。她说担任教导主任11年之久，共有16名新毕业的师范生分配到该校教学，在此校工作满五年的教师仅有3位。由于该校缺少教授英语、音乐、美术和计算机等学科的教师，每年都会接受多所师范大学顶岗支教或者县城内部分教师来此支教，这仅是权宜之计。当支教老师到期离开还是面临教师短缺。她还讲到该校教师多数都是处于60后的"老教师"，缺少70后和80后的中青年教师，在10年之内60后的"老教师"全部退休，这所乡村小学将会面临教师断档。在访谈之中，B教师也表示多次向上级教育主管部门汇报过，配置一些中青年教师到该校组建教师梯队，但是上级派来的中青年教师非常有限。因此，她对该校的教师队伍建设显得非常担忧。

## （二）乡村学校办学条件方面调查

从图 8-8 中可知关于乡村办学条件的调查问卷结果，有 89.50% 的教师表示乡村学校由于学生基础差，在学习自控力方面和心理健康方面需要加强引导，平时需要付出较多的精力，但是期末考试成绩不理想。有 82.50% 的教师表示由于教学评价制度不合理，对于教师业绩考核采取由县教育局组织的统一出题考试，但是乡村学校学生没有见过的事情太多了，城乡学校在教学和考试评价方面都缺乏公平。在评价过程中都是采用统一的标准，导致乡村学校教师期末考试成绩与县城学校有着明显的差距，导致乡村教师没有成就感，部分教师由于没有达到规定的及格率或者期末考试排名末位，还要受到各种制度性惩罚。有 92.50% 的教师表示在乡村学校工作由于每个年级都是一个班或者两个班，教师在做好备课、写教案、上课和辅导学生、听课等任务以外，由于 40% 的中小学学生属于留守儿童，教师还要担任临时"家长"的角色，负责寄宿制学生的生活起居。最牵扯精力的事务是应对上级教育行政主管部门的各种检查，填写表格和整理资料以备查验，由于乡村学校教师数量少，各位教师经常肩负着多种工作，但是收入绝对没有县城和城镇教师工资高。有 72.50% 的教师表示教学学科与所学专业不对口，由于乡村中学和小学缺少英语、美术、音乐等学科教师，多数专业对口的教师都让县城学校"截留"，乡村学校为了开齐开足所有学科课程，一般新毕业的教师都是来教授英语、美术和音乐，即使不会也要硬着头皮来上课。有 96.70% 的教师表示乡村学校教学条件较为落后，网络还没有全部普及，教学设备老化，现有的计算机都是部分学校捐赠，没有实现全部教室安装投影仪，不能实现网络无纸化办公，生物课、物理课和化学课实验设备不完善，只能让学生观摩，或者教师仅能通过网络视频来让学生观看，无法亲手做实验和切身体会。有 99.50% 的教师表示在乡村中小学工作没有社会地位，受到城乡二元结构的影响，在乡村地区工作感觉是相对封闭，接受新鲜事物较少，影响到自己的视野。虽然国家提倡重视乡村教师发展，但在评优晋级方面没有获得感，工作之中仅靠学生升学和取得优秀成绩来给自己增加工作动力。

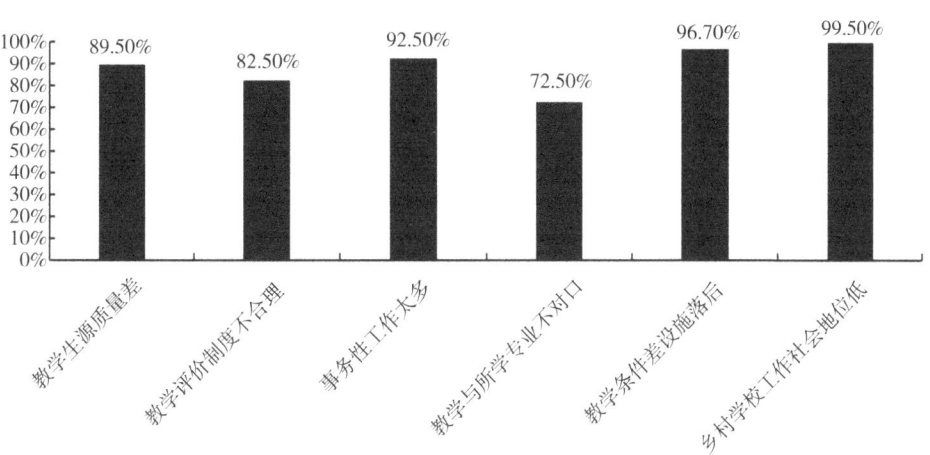

图 8-8 乡村学校办学条件调查问卷结果

资料来源：根据调查问卷整理。

在调查过程中，调查对象一位是该县 S 镇中心校的 L 校长，一位是中心校 W 教师，现就乡村学校教学方面的现状访谈资料整理如下。

X 县 S 镇中心校 L 校长访谈记录资料整理：L 校长，男，1970 年出生，1996 年中师毕业，父母健在，妻子是职业农民，育有一个儿子，已经大学毕业，在哈尔滨一家外企工作。L 校长说在 1991 年中师毕业以后，就在 S 镇一所独立初中参与教学工作，通过函授获得本科文凭。在该中学始终教授初一、初二、初三年级的语文课，共计工作 20 年，每年学生成绩都能在全镇 12 个平行班中排前三名，在 2012 年晋升中学一级教师，担任该校教导主任职务。到 2016 年经过镇教育办批准，任命为该中心校校长。他说刚来到该中心校担任校长时，深知责任重大，该中心校小学有教职工 56 人，其中超过 50 周岁的教师就达到 16 人，接近三分之一的教师临近退休年龄，而处于 35~49 周岁的中青年教师仅有 3 人，其余都是低于 35 周岁新毕业的青年教师，年龄结构上呈现"两头大、中间小"的特征。该中心校分为初中部和小学部，尤其教授初中英语、美术、音乐的老师非常短缺，他积极动员多数青年教师教授英语课，但是青年教师向他提出条件，教英语可以在期末评优晋级方面给予优先考虑，获得更多调回城镇或者县城学校的机会。由于该校英语、音乐、美术的师资力量相对薄弱，L 校长多次向上级教育主管部门反映师资结构不合理的问题，在招录新教师过程中也想招聘一些专业对口的教师，但报名人数寥寥无几，相反在县城中小学招聘教师时曾经出现过 50 人报考一个教师岗位的现象。在县教育局招录到新的教师以后，在工作前三年要派到乡镇或者乡村学校工作，部分青年教师为了早日离开乡村学校，通过各种途径调回县城学校。外加乡村学校教学条件艰苦和教学任务繁重，导致很多新教师对于职业生涯看不到希望，甚至有的青年教师直接选择离职。L 校长也向县教育局请示过，希望将县城中小学教学经验丰富的教学能手派到乡村中小学来支援，实现城乡之间教师流动。县教育局也曾经派出 9 名教师来到该中心学校工作，都是交流一学期或者一学年，最多二个学年，没有形成工作的可持续性。由于该学校教学设施落后和办学条件差，师资队伍流动性较大，不利于教学质量的提升和工作的持续开展。L 校长还表示，乡村中心校最大的问题是需要改善办学条件，现在小学部有 5 个年级，初中部还有 3 个班，学校还是利用原始的砖瓦结构的平房，教室和教师办公室冬季采用生炉子取暖，没有安装暖气。学校在 2012 年购买了 20 台计算机，在 2018 年以前学校没有安装网络，教室办公极不方便，现在安装联通网络，每年需要缴纳网费也是一笔不小的开支，主要财政拨款非常有限。由于计算机没有普及，部分青年教师利用购置的笔记本来办公，全校仅有一台打印机，主要是为各位教师办公打印各种资料。还有校舍和设备方面，学校需要向上级财政申请维修桌椅和各种设备，但是拨款数量太少。若想维修需要校长先自筹资金，等到上级拨款到位再支付。由于办学条件有限，部分青年教师来到该校工作产生很强的失落感，纷纷选择调离。

X 县 S 镇中心校 W 教师访谈记录资料整理：W 教师，女，1977 年出生，大专学历，丈夫在乡政府民政部门担任领导，家居住在县城，自己母亲帮助带孩子。每天和丈夫奔波于家和单位之间，路上需要走 50 分钟，在 2000 年调到 S 镇中心学校工作，一直没有更换单位，在该校教授英语课，担任班主任和教研组组长。在 2016 年以前她和丈夫、孩子住在农村，在小孩上小学以后把家搬到县城。W 教师在大学时学的历史学，来到该校以后由于缺少英语教师，校长多次做工作让她教授英语，后来教过几轮英语以后也熟悉课程体系和教学方法，放弃了教历史课的念头。现在在 S 镇中心校工作，经过多年教学成绩评比英语单科成绩在全镇平行班之中成绩较为优秀，在评优晋级方面却是没有实现，到 2020 年还是中教二级，几次申报职称没有获批中教一级，主要是学历没有达到本科文凭，W 教师感觉非常失落。她讲到自己的妹妹在大学本科毕业以后，分配到县城中学教英语，工作较为轻松，毕业不到六年就晋升为中教一级。自己常年在乡村学校工作，没有太多时间照顾老人和孩子，始终将全部精力放在工作上，反而没有获得更多的回报。W 教师讲到自己在该校已工作 20 年，也曾经想申请调回县城学校工作，但是自己还是深爱这里的学生。她讲到在工作上花费的时间，都要比县城学校教师多出两倍，但是收入水平和社会地位没有县城教师高，导致自己自卑感较强。每年有去外地参加培训和学习的机会，工作 20 年之内仅去参加过两次培训，名额全部都让县城和乡镇学校的老师占领，几乎轮不到乡村学校的教师。她还讲到由于学校网络不好，部分网络课程资源不能使用，在 2002 年时该校连录音机和英语磁带都没有资金购买，需要自费购买。虽然近期办学条件在不断改善，教授英语时需要的设备非常有限。为了提高英语课的成绩，主要是给学生提供大量习题，但是英语口语和听力水平较弱。由于教育评价方式就是根据教师所教班级考试成绩，教师教学压力非常大。她表示主要是乡村学校办学资金紧张，学校本身没有经济收入，仅是靠上级拨款，办学条件从硬件和软件方面都需要改善，她说上级财政拨款仅是对校舍和寄宿制食堂进行修缮，给寄宿学生提供营养餐能够落实，至于信息类设备和各类实验器材财政支持力度非常少，呼吁社会给予乡村学校更多资助和捐助，让乡村的孩子像城市孩子一样获得更加优质的教育。

## （三）乡村学校管理制度方面调查结果

从图 8-9 可知关于乡村学校管理制度调查问卷结果，有 89.50% 的教师感觉学校管理制度非常不合理，包括教学质量管理制度、教学运行管理制度、教师教学业绩奖惩制度、教师评优晋级制度、教学师风师德评价制度和班主任聘任与管理制度等有待调整，部分制度出台是仿效其他学校的管理制度，导致很多教师无法执行现有制度，但是学校在年末考核时必须按照现有规章制度来考核；有 82.50% 的教师表示所在学校管理制度既不科学更不民主，没有经过教代会讨论直接出台制度；仅有 32.50% 的教师认可学校的奖励制度，有 52.50% 的教师认可学校惩罚制度，主要是奖励制度较少，惩罚性制度较多，教学激励制度有待完善，导致教师失去工作热情；有 46.70% 的教师认可教师绩效考核制度，他们在采访之中表示教学绩效与工资、津贴和各种福利待遇挂钩，每学年发放各种待遇时，多数情况下没有实现公平对待。通过以上采访结果可知，乡村教师对于各项管理制度不认同，主要是制度没有切实利于学校、教师、学生的发展。由于乡村教师感觉没有社会地位，学校内部制度不利于开展工作。因此，呼吁政府和学校要营造尊师重教的氛围，实施更多激励措施，带动乡村教师的工作热情。

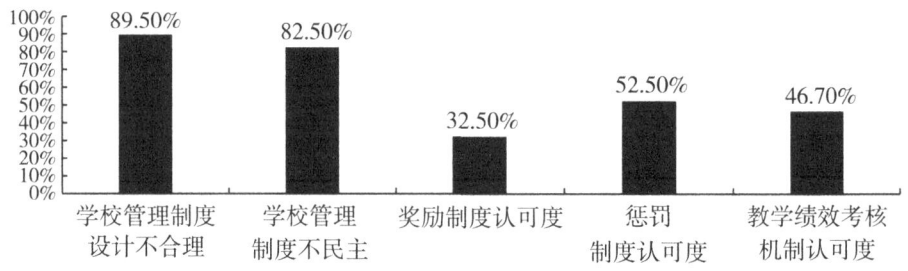

图 8-9 乡村学校管理制度调查问卷结果

资料来源：根据调查问卷整理。

在调研过程中，对 A 镇 H 小学的 J 校长和 S 镇中心小学 Q 老师进行访谈，现把两位教师主要关于学校管理制度的访谈内容整理如下。

A 镇 H 小学 J 校长访谈记录资料整理：J 校长，女，1976 年出生，本科学历，丧偶，有一个女儿，家住 A 镇，任该小学校长。2001 年在某师范大学的小学教育专业毕业以后，分配到 A 镇第一中学教授语文课达到 20 年，在该中学教学期间，由于不是学习汉语言文学专业，平时工作比较努力，学生成绩在全年级组排名较为优秀，每届学生从初一带到初三都是本人亲自担任班主任，连续带出三届，每一届毕业班考入县重点高中的人数不少于 10 名。在工作时根据学校各项规章制度，每年都能够按期完成任务，但是每年评优时总是与自己擦肩而过，不是给快要退休的教师，就是给具有特殊背景的教师评优，严重伤害在岗教师的积极性。从学校管理制度看，接待上级检查和各种附加任务应有尽有，除了每月 120 元班主任津贴以外，从没有签发过任何加班费，但教师请事假或病假就要扣工资，最为严重的是在路上遇到突发事件迟到几分钟都要罚款。最让人接受不了的是绩效奖励制度，她表示所教班级期末成绩都是名列前茅，但是年初规定发放奖金都不会兑现，主要是学校资金紧张，即使评为先进工作者，在职称晋升方面对于乡村教师获得机会少之又少。自从她生完孩子以后，任务更加繁重，每天日常教学、照顾家庭是自己每天的"必修课"，还要关照寄宿学生的生活起居。鉴于她的工作成绩突出，在2019年8月县教育局任命她担任A镇H小学的校长，该校共有教师42人，学生208名，从一年级到五年级共有5个班，所有学科全部覆盖。在担任校长以后，首先考虑到乡村教师的工作辛苦，教学条件差，为了稳定教师队伍，促进青年教师成长，在出台各项制度时需要结合实际情况，实施更多奖励制度，经常找青年教师谈话，帮助教师解决在工作中遇到的困难，采取"多奖励、少惩罚"的管理模式，在绩效考核方面严格按照制度规定执行，提高了该校教师的工作积极性。她还表示乡村教师在工作过程中比较枯燥乏味，教学设施简陋，外加问题学生多，出台各项规章制度和管理制度应该更加实际。多数青年教师刚毕业被派到乡村小学工作，理想和现实差距较大，为了促进教师成长必须多多关照，让他们爱上这份职业，成为骨干教师，为乡村教育事业作贡献。最后J校长提到城乡教师资源均衡配置达到绝对平衡非常难，城市学校在资源和建设上比乡村学校具有天然的优势，乡村人口不能全部离开，为了让这群天真的孩子接受优质的教育，国家应该从制度上给予乡村学校和乡村教师更多关怀，营造尊师重教的氛围，让乡村教师在社会上具有较高的地位，增加成就感、获得感、荣誉感，让更多的教师愿意留在乡村学校工作，不是迅速离开，稳定乡村教师队伍和培育青年教师快速成为骨干教师才是推动乡村教育高质量发展的关键。

S镇中心小学Q教师访谈记录资料整理：Q教师，男，1960年生，1981年高中毕业，当年由村委会聘为民办教师，他说当时全小学仅有校长一人是公办教师，其余教师全部为民办教师，工资由村里每月发放45元。到了1999年县政府下发文件，对全县1985年之前参加工作的民办教师，实施"民转公"考试，笔试考试科目有教育学、教育心理学和小学教法等，面试需要到现场试讲，由专家打分，笔试和面试成绩全部合格，由县教育局发给教师资格证，当年转为公办教师，工龄从1999年算起，18年的民办教师不算工龄，自己转为公办教师已经很幸运。主要是1985年以后聘用的民办教师没有转正机会，部分教师主动离职和解除劳动关系，没有得到任何补偿。到了2012年由于本村小学学龄儿童不足20人，镇里考虑撤并村小，将学生和教师统一并入镇中心校。Q教师讲在1999年自己没有转为公办教师之前，自己每天加班加点工作，冬天负责给所有教室生炉子方便师生取暖，夏季由于路上没有桥梁，在下雨天负责将学生护送回家。在面临工资少、任务重、工作压力大的同时，还要起早贪黑抢种家里的耕地。原来在村小工作时都是根据上级下发通知执行教学管理方面的制度，但是没有公平可言。到了S镇中心小学工作以后，根据各项规章制度，他表示自己出身是民办教师，需要一定的忍耐力，学校给予更多工作以外的附加任务，从来不敢抱怨和吐槽，都要尽力去完成，珍惜这份来之不易的工作，但是在年终考核时从未获得任何荣誉。他讲到他的职称始终是小教二级，自己最大的愿望就是在退休之前晋升为小教一级，主要是没有文凭和发表论文，每次申报职称时都没有成功，直到2021年11月退休也没有实现这个愿望。

Q教师讲到他很热爱教育事业，每年学校会有3~5名新毕业的教师到此工作，由于学校办学条件差，主要是管理制度较为刚性，每年期末考试和月考部分青年教师不认可学校各项考评制度，始终是吐槽和抱怨，尤其是全镇采取"一刀切式"期末考核标准，本身乡村小学生源质量就差，外加教学经验不足，在期末绩效考核等级评定时，部分教师所带班级没有达到学期初期所定的标准，影响到奖金发放和职称晋升，很多教师不满意这种考核制度，选择调离或者更换职业，造成很多教师流失。Q老师讲到应该采取更多人文关怀，现在乡村学校都是1960年以后出生的教师，教师队伍后备力量不足，为了促进城乡教师资源平衡，政府和县级教育行政部门真的应该将教师均衡配置，出台更加人性化的考核制度和教育培养制度，为乡村教育打造一支年龄阶梯式的教师队伍，有了好的教师队伍，乡村教育才能可持续发展。

## （四）乡村学校教师经济收入调查

从图8-10可知关于乡村学校教师经济收入调查结果。有77.40%的教师表示乡村学校收入低，有92.50%的教师表示工资增长幅度较慢，连续五年工资没增加，没有住房公积金，教师平均工资远低于政府公务员的平均工资水平。采访中得知全县教师工资主要是靠国家财政转移支付，由于乡镇经济发展薄弱，县级财政资金较为紧张，乡村教师工资增长缓慢。有88.60%的教师表示在工作过程中成本太高，把家安在县城，单位在乡村，每天开车油费、修车、就餐和其他各种费用，随着物价上涨，仅是工作时花费，每月就要消耗掉当月工资的1/3，县城住房每月还要按揭还贷，加上赡养老人和教育小孩，生活压力较大。根据《中华人民共和国义务教育法》在民族地区和边远贫困地区工作教师享有艰苦贫困地区补助津贴，在调查中有85.50%的教师表示在乡村工作各项基金和补贴太低，每月拿到政府给予400元边远山区工作津贴，鉴于上班成本和各项生活成本，应该增加乡村教师的各项补贴和津贴，提高乡村教师的生活水平。有66.50%的教师表示各类奖金发放不满意，每年到期末按照学校年初制定的各项规章制度和普通年级教学成绩，毕业班按照升入重点中学学生比重计算各类奖金数量，但是到了实际落实时，多数情况都不遵照制度执行，导致取得优秀成绩的教师怨声载道。

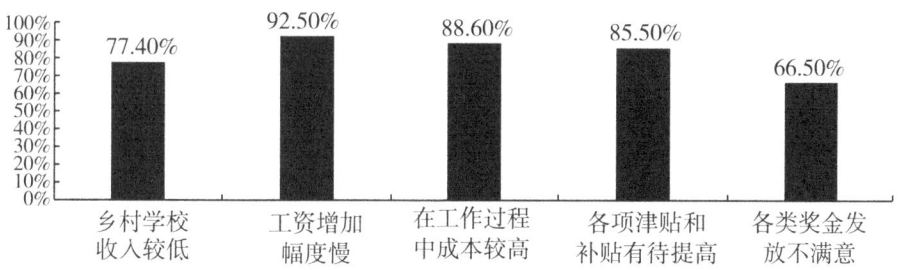

**图 8-10　乡村学校教师经济收入调查问卷结果**

资料来源：根据调查问卷整理。

访谈 X 县 S 镇 LX 村小学 G 教师和 W 镇 WZ 村小学 B 校长就乡村教师收入的问题进行访谈，现将访谈记录整理如下。

S 镇 LX 村小学 G 教师访谈记录资料整理：G 教师，男，1982 年出生，本市一所普通师范类院校毕业，2009 年通过特岗教师招录考入教师编制，在没有担任教师以前在天津市一家公司工作，鉴于父母年事已高，自己也想获得一份较为稳定的工作，通过报名考上特岗教师，在当年 8 月辞掉公司工作以后，经过一个月的岗前培训，来到 LX 村小学担任教师，经过一年试用期以后转为正式在编教师。刚来入职时每月扣除各项保险和公积金以后，到手工资仅有 3 200 元，扣除生活费和交通费以外剩余 1 000 元，年末绩效奖励能够获得 2 000 多元。到了 2015 年通过努力晋升为小教二级教师以后，每月实发工资为 4 700 元。在 2015 年经过父母资助首付买了一套 82 平方米的商品房，结婚以后购买一台国产轿车，方便来回上下班。到了 2021 年迎来了新一轮工资调整，每月实发工资为 5 700 元，年末绩效工资获得 4 000 元，加上各项津贴全年税后工资不到 70 000 元。相比之下，在县城学校同一级别教师全年工资是他的全年工资的 1.5 倍。他说来回往返于单位和家庭之间需要油费达到 30 元，每月需要付 1000 元油费，中午和晚上就餐费每月花费是 600 元，仅是交通费和就餐费就要达到 1 600 元，加上修车费用，全年需要 20 000 元，占去工资总额的 1/3。若是在县城中小学上班可以节省这 20 000 元费用。感觉在乡村小学工作是食之无味、弃之可惜，但是看到那么多孩子的求知欲望还是不舍得放弃。G 老师表示看到身边五位同事都调回县城学校，他也想过调回县里工作，一直没有机会。经过深思熟虑以后，还是选择留下来，坚持为家乡教育事业作贡献。G 老师表示需要政府切实提高乡村教师的待遇，促进教师进行双向流动，为了提高乡村教师的教学能力，需要到市区学校开阔眼界和见世面。

W 镇 WZ 村小学 B 校长访谈记录资料整理：B 校长，男，1970 年出生，大专学历，育有一儿一女，妻子在县水利局上班。1993 年大专毕业分配到 W 镇初中工作，执教初中化学课 15 年。在 2009 年担任 W 镇中学教导主任，2017 年县教育局任命他为 WZ 村中心小学校长，该校原来是初中、小学、幼儿园三者集于一体的中心校，到 2015 年撤销初中和幼儿园，仅保留小学一年级至五年级，截至 2021 年 6 月末在籍学生数量为 198 人，覆盖到周边 12 个自然村，共有 45 名教师，其中 37 名专任教师，其余教师负责后勤和舍务工作。这所小学除了本村 22 名学生实行走读，其余 176 名学生都实行寄宿制。在 2017 年来到该校工作时，全体教师超过 50 周岁的老师占到 62%，中青年教师仅占 38%。B 校长不断地向县教育局打报告招录新教师补充教师队伍，在两年内招录 11 名教师，实行"老教师与新教师结对子"模式，到第四年时仅留住 4 名新教师。B 校长多次和青年教师深度谈心可知，主要原因是乡村教师工资收入水平太低，边远地区教师岗位津贴不高，部分新毕业的学生在上学期间成绩较为优秀，毕业于国内重点大学，参加工作以后受到"收入低、离家远、工作环境差"等多重不利因素影响，心理落差较大。若是收入高一点还能心理平衡。由于青年教师需要更多资金来买房子和结婚生子，由于收入低选择离职也是可以理解。B 校长还讲到多数教师都向他表示收入低，没有社会地位，工作任务重，收入与付出不成正比。他也到县里与教育主管部门反映乡村教师收入低的问题,但是县教育局领导表示教师工资是县财政专项拨款,县里财政资金紧张,在教育领域需要校舍建设和购买教学设备等多项投资,提高工资和津贴在短期内实现较为困难。

## 四、本章小结

本章对国内 X 县城乡教师队伍建设现状实地调研，利用问卷调研法对城乡教师流动意愿进行调研，实地访谈乡村教师队伍建设面临的问题。首先，经过访谈和调研可知，X 县城乡教师资源分配不平衡，县城学校教师质量较高，在学历方面和职称评聘方面好于乡村教师。其次，经过调研可知，在县城工作的教师有 1/3 的教师愿意到乡村学校流动，愿意把更多优质教育资源向乡村学校传递，提高乡村教育质量；部分县城教师不愿意到乡村学校流动的原因主要是考虑离家远、条件艰苦和工作任务重等。再次，对乡村教师流动意愿调研可知，有 2/3 的教师愿意到县城学校流动，目的是学习更多前沿教学方法和学生管理技术，部分乡村教师不愿意到县城学校流动主要是身兼数职，感觉社会地位卑微。最后，从教师个人原因、办学条件、管理制度、经济收入四个角度，对乡村教师短缺和教师队伍建设存在问题进行调研和实地访谈，结果显示教师个人方面主要集中在乡村学校条件艰苦，工作任务重，教学设施短缺和生源质量差，学校管理制度较为刚性，绩效考核方式单一，乡村教师收入低和工作过程中付出成本较高，由此导致乡村教师面临招不来和留不住的现状，尤其是部分乡村学校临近退休的老教师较多，需要加强教师梯队建设显得尤为紧迫。

# 第九章 新时代城乡教师资源均衡配置优化政策与建议

## 第九章 新时代城乡教师资源均衡配置优化政策与建议

截至2022年6月末我国义务教育阶段学生有1.58亿名，教师1 057万名。党的十八大以来实现全面普及义务教育基本目标。目前，我国城乡义务教育发展站在新的起点上，如何实现教育资源均衡发展，是促进城乡义务教育高质量发展的关键。由此本章基于机制设计理论，提出我国城乡教师资源均衡配置的原则、路径和政策建议，旨在为我国各级政府在制定城乡教师资源均衡配置政策与战略时提供理论支持和政策参考。

## 一、新时代城乡教师资源配置的基本原则

### （一）公平性原则

在市场经济快速发展的今天，各种资源通过市场或者政府配置来实现效率最大化。选择市场配置更加关注效率，但是通过政府配置更加关注公平。在乡村振兴和脱贫攻坚的关键时刻，教师资源是办好乡村教育的关键资源，对乡村教育质量的提升起到决定性作用。因此，在配置教师资源时不能仅追求公平而不顾效率，更不能仅追求效率而不顾公平。根据教育公平理论可知，由于城乡初等教育和小学教育是基础性教育，教育资源的合理配置涉及每位学生的未来发展。因此，在义务教育阶段中小学教师资源配置要坚持公平原则。由于"公平"既是社会主义核心价值观念，又是促进乡村教育一体化的必然要求。在党中央和国务院发布的《中国教育现代化2035》中也重点提到实现基本公共教育服务均等化，加强城乡义务教育均衡发展。由此可知，教师资源均衡配置是我国城乡义务教育普及的关键要素，决定乡村教育的高质量发展。通过上文调研分析，我国城乡之间教师资源相差悬殊，教师资源配置差距依然存在，因此。在促进城乡义务教育阶段教师资源均衡配置，是当前我国教育中长期改革和发展必须关注的问题和本质诉求。

## （二）效率性原则

坚持"效率优先"的原则是通过市场手段促进各类资源发挥更多效率。在我国城乡义务教育阶段教师资源是一种稀缺资源，尤其优秀教师更是稀缺资源。因此，在均衡配置城乡教师资源时，更要注重效率。在1993年以前城乡资源配置是由政府实现统招统分，在1993年国务院发布《中华人民共和国教师法》以后采取教师聘任制，在教师、学校、政府之间形成了一种契约关系，为全国义务教育阶段教师资源利用市场配置手段奠定了法律基础。在党的十八大以后，确立了市场配置资源的绝对地位。因此，教师资源完全可以作为一种人力资源通过市场配置手段实现教师聘任，即教师与义务教育阶段各类学校签订劳务合同时，依据教师的资历和教师业绩来支付报酬，同时教师还要按照政府出台各项政策和制度在本行政区划之内调动。在我国教育改革过程中，由于城乡教育资源存在一定的差距。因此，既要坚持教育公平，又要兼顾配置效率，为了促进乡村教育获得更加优质的资源，应该尽量改善办学条件和提高乡村教师待遇，给予乡村教师更多的物质激励和人文关怀，落实基本工资、绩效工资、边远地区津贴政策。通过市场化手段配置，引导城市教师合理"倒流"，吸引更多优秀教师来参与乡村教育事业。

## （三）实用性原则

资源配置需要各类组织科学规划和精准施策，目的是实现人尽其才和物尽其用。由于我国城乡教师资源配置失衡问题较为严重，需要坚持实用性原则。首先，在统筹配置教师资源时，一方面是要补齐乡村教育的短板，构建老中青教师梯队，实现教师资源接续发展。另外综合考虑教师学历、教学经验、管理水平和身体素质等多项要素，统筹配置城乡教师资源，将干劲足的教师派到乡村学校进行支教或者流动，需要从顶端设计上将教师资源配置作出近期和远期规划。其次，建议高等师范院校，在师范教育方面侧重"全科教师"培养，加强乡村师资培养，开拓更多关于乡村中小学教育相关课程，让高校学生深入了解乡村教育的特征。最后，在教师资源配置时，国内教育领域实行"县管校聘"模式，在为乡村学校配置管理人员时，任命教学业绩突出，熟悉乡村学校办学思路的优秀教师，将乡村学校教育资源盘活，促进乡村教育实现高质量发展。

## （四）补偿性原则

由于我国城乡二元结构导致城乡经济非均衡发展，这种差距是城乡义务教育一体化发展面临的根本性问题，实现城乡义务教育资源配置合理化。首先，政府要对乡村教育进行办学资金补偿，补齐乡村学校基础设施，改善乡村教师办学条件。其次，若想实现城乡教师资源均衡配置，缓解乡村学校留不住教师的这一难题，破解乡村教师行业流传的"钱少事多离家远"的传统思维，对乡村教师给予一定经济补偿。目前公费师范生、特岗教师、公开招录的青年教师是乡村教师的主力军，这些教师由于家庭贫困才选择攻读免费师范生，由此，为了缓解乡村学校"招不来、留不住"的不利局面，需要提高乡村教师待遇和增加各类津贴，提供住房、交通、餐饮的补助，切实提高乡村教师社会地位。最后，在促进城乡教师流动的过程中，对于城区学校的教师有意愿到乡村学校长期工作的，给予一定的经济补偿，吸引更多教师愿意为乡村教育作贡献。

## 二、新时代城乡教师资源配置过程乡村教师队伍建设策略研究

### （一）补齐紧缺学科教师的短板

目前，政府非常重视城市和县城学校的优秀教师到乡村学校交流，这些教师多数是执教语文、数学、英语等学科的骨干教师，对于乡村学校教学质量有了一定的提高。经过调研可知，乡村学校最紧缺的是音乐、体育、美术和计算机类等学科教师。因此，建议政府要加强紧缺学科教师的配置和调配，增加紧缺学科教师的有效供给，对接乡村学校教师的需求数量。

### （二）根据乡村学校偏远与落后情况实施精准配置

在县域内的城中学校、城郊学校、偏远学校，受到交通区位、经济基础、信息技术、资源环境等多种因素的影响，导致办学规模和教育质量具有一定的差异。目前，国家出台的相关政策对乡村学校划分不明确，实施"一刀切"的管理模式，没有实现教育资源的精准配置。另外由于偏远山区学校和小规模教学点的师资力量相对薄弱，需要引进更多优质教师来参与乡村教育。因此，在城乡师资配置时需要进一步规划好乡村学校的偏远级别、落后等级、地区贫困程度，实施"点对点"帮扶，实现乡村学校教师资源精准配置目标。

### （三）根据乡村办学规模定向培养全科师范生

2020年我国城镇化水平已经达到63.89%，国内超过9亿人生活在城市，乡村人口在不断减少，导致乡村学校生源逐年减少和办学规模逐渐萎

缩。因此，采取小规模办学模式和小班化教学已经成为常态。根据调查显示，在乡村学校有接近40%的教师具有开展小班教学的能力。目前，高校在培养师范生过程中，为乡村学校定向培养"一专多能"型教师显得尤为重要。既能解决乡村学校开齐开足课程的问题，还能保证小规模教学正常运行。在调研中可知，部分青年教师缺乏小班化教学能力，很多教师到岗以后，难以适应乡村学校小班化教学模式。因此，需要政府、高校、乡村学校构建起"三位一体"的订单式培养模式。根据各地乡村学校的实际情况，逐渐完善乡村教师动态调整，以班级规模、学科课程来配置教师，招聘心理疏导、宿舍管理人员，让教师明确职域范围，针对乡村学校小规模办学模式设置课程，毕业后到岗要适应乡村小规模办学模式。

### （四）逐渐完善师资保障，明确职域定位

为了促进城乡教师资源均衡配置，补齐乡村教师数量不足的短板，采取短期、中期、长期三种形式进行或者组合进行。在短期内以城区教师支教或者支援为主，以师范院校实习生顶岗支教的方式充实乡村队伍；在中期内采取特岗教师计划，城乡之间教师轮岗、学校之间教师交流，保证能够开齐开足课程，同时加强教师人才质量建设，帮扶组建校级教学梯队；长期方面采用订单式培养模式，落实公费师范生政策，确保每名公费师范生能够返乡参与教育事业。

### （五）利用互联网为城乡教师流动赋能

目前，我国城乡之间教师交流主要以短期流动为主，存在交流时间短、交流样式少，效果不明显的弊端，另外乡村教师由于人员不足，难以脱产到外校去学习交流。因此，为了促进城乡教师合理流动，需要利用大数据和互联网平台为教师流动赋能，突破城乡教师交流时空限制，促进城乡教师利用互联网平台开展多种形式、长时间的交流，目的是将前沿的教学信息和教育技术向乡村教师传递，进一步提升乡村教师的教学能力。因此，建议各地政府大力推进"互联网+义务教育"工程，加快构建起常态化的城乡教师交流机制，通过"线上+线下"相结合的培训模式，确保每一位乡村教师都能获得交流机会，逐渐提高教师素质。

## 三、新时代城乡教师资源配置的政策建议

在解读国家出台各项相关意见以后,针对优化义务教育教师资源配置提出多份政策建议,力争解决义务教育教师资源配置不均衡的问题。在政策实施过程中,随着时间和环境的变化,还需要对各种政策持续完善,确保政策目标的顺利实现。因此,为了新时代教师资源均衡配置目标的顺利实现,政策建议如下。

### (一)发挥政策在城乡师资配置的主体责任作用

在党的十八届五中全会报告中指出"健全城乡一体化发展体制机制,推进城乡要素平等交换,合理配置和基本公共服务均等化"。随后在党的十九大报告中明确指出"推动城乡义务教育一体化发展,高度重视发展农村义务教育"。根据中央文件精神,各级政府作为推动城乡义务教育一体化发展的责任主体,引领各级教育行政管理机构规划城乡教师资源,建议如下。

一是省级人民政府是城乡教育资源配置第一责任主体,不仅要制定和落实相关政策,而且需要根据中央文件的指示精神和目标要求制定相关发展政策,监督市级和县级教育行政部门对城乡教师资源均衡各项政策的执行和落实情况。

二是县级人民政府是教育资源配置制度的执行单位,在城乡义务教育师资配置方面是主体责任单位,将城乡教育资源配置效率作为各级政府人员政绩考核的主要内容,给予"以县为主"教育行政主管部门一定自主权,包括人事调配、财政统筹自主权,县级政府及时发现乡村教育存在的问题,能够迅速采取措施。因此,让县级教育主管部门对城乡教师资源政策的落实发挥更多作用。

## （二）落实乡村教师的师资待遇和职称特殊支持政策

以往乡村教师待遇偏低影响了教师职业选择和工作的积极性，制约了农村义务教育和全国教育的统筹发展。在调研中可知由于乡村教师工资低和工作成本高，导致青年教师流失率较高，要想解决这一问题需要不断加大乡村义务教育投入，是增强乡村教师职业吸引力的关键措施。

首先，加大乡村义务教育的财政投资力度，提高乡村教师的工资待遇，落实乡村教师补贴、住房保障、边远山区教师津贴等一系列经济待遇政策，为提高乡村教师待遇设立财政专项资金，实现专款专用，力争使乡村教师的工资高于当地公务员的平均工资，保证该项政策的落实常态化，有效稳定乡村教师队伍。

其次，建议教育部出台文件设立农村义务教育阶段特殊岗位补助津贴，专门用于提高边远山区和贫困县地区乡村教师的待遇，对工作在"条件较为艰苦、区位较为偏远、生态环境较为恶劣"地区的教师给予特殊岗位津贴，应该按照地区贫困级别精准划分津贴等级，依据"在岗即有、离岗取消"的原则，提高工作在边远地区乡村、山区、牧区和生态保护区的教师收入水平。

最后，经过调研可知乡村教师职称评定和评优方面数量少于城镇学校教师的数量，属于弱势群体。建议各级政府根据中央出台的各类文件，在教师职称评定和评优晋级方面给予乡村教师倾斜和特殊照顾，增加乡村学校中高级职称教师岗位数量，促进乡村教师职务晋升、参评优秀教师不受各种岗位数量限制，提高乡村教师工作积极性，吸引更多优秀青年教师愿意投身于乡村义务教育事业中，为提高乡村学校教育质量作出一定贡献。

## （三）提高乡村教师培训质量，提高乡村教师教学能力

由于乡村教师受到各种因素影响，教学能力和综合素质还有待提高，需要有针对性地对乡村教师开展培训，使得乡村教师在教育观念、课堂设计、教学管理方面都有一定提高，需要制定切实可行的政策保障。

一是经过调研可知，当前乡村教师的专业素养和教师教学能力有待提高，在为乡村教师开展各类培训时受到资金短缺的影响，限制乡村教师培训次数和规模。因此，必须设立乡村教师培训的专项基金，实现专款专用，确保在岗乡村教师培训全覆盖。

二是为乡村教师开展岗前培训，在满足乡村教师数量的同时，还应该提高教师综合素养，有必要组织对现有在岗教师和新上岗教师开展业务能力培训，让新教师逐渐适应和熟悉农村义务教育阶段课程，采取"师傅带徒弟"结对子活动，逐渐提高新教师的教学能力。

三是开展职后反馈培训，主要目的是让新老教师从整体上了解国家教育教学政策和素质教育改革创新，对素质教育新课程、新技术、新理念等内容开展培训，通过职后反馈培训利于在岗教师探究教育教学方法，深入总结教育教学存在的不足，逐步提升教学与教研能力。

四是从政策上鼓励乡村教师进一步加强研修和深造，鼓励乡村教师对乡村教育和课程改革进行科学研究，给予一定的经费支持，通过课题研究让乡村教师对城乡教育理论与实践有着更加深入的理解，为国家中长期教育发展规划提出更多建议。

五是动员乡村教师进一步参与学历教育和短期非学历教育，学历教育是让乡村教师考取教育硕士，通过撰写硕士课程论文和毕业论文，促进教师深入理解和拓展教育理论。在非学历教育方面鼓励乡村教师参加国培项目和短期教学能力培训，让教师能够开阔视野。因此，为了逐渐提高乡村教师质量，建设一支高素质的教师队伍，需要为乡村教师培训和研修创造更多有利条件。

## （四）加强城乡义务教育教师资源配置检查和督导

首先，在城乡教育一体化进程不断加速的背景下，建议各级教育行政部门加强对师资配置工作的督导工作，省级教育厅需要对城乡义务教育师资配置进行常态化检查。将城乡师资均衡配置工作落到实处，切实提高乡村教育质量。

其次，构建城乡义务教育水平的监管制度，实现定期监督和不定期监督相结合的方式，加强教育资源均衡配置，缩小区域、城乡、学校之间的师资教育差距。一方面是定期检查边远地区乡村教师的补贴和津贴、乡村教师职称评审及各项奖励的落实情况，为边远山区教师提供更多支持；另一方面，以不定期抽查的方式，防止城乡教育资源均衡配置流于形式，促进城乡之间教师流动，促进乡村学校教师队伍建设不断发展壮大。

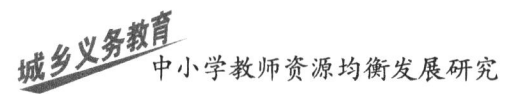

## 四、本章小结

本章主要讨论了城乡教师资源优化配置的原则、乡村教师队伍建设路径与政策建议等。一是城乡教师资源配置要坚持公平原则、兼顾效率原则、实用性原则和补偿性原则；二是乡村教师队伍建设路径方面需要补齐紧缺学科教师的短板，为乡村学校精准配置师资，定向培养全科师范生，逐渐完善师资保障，明确职域定位，利用互联网为城乡教师流动赋能；三是在政策建议方面需要发挥政策在城乡师资配置中的主体责任作用，加强对城乡教育资源均衡配置的常态化督导，落实乡村教师的经济收入与待遇等特殊支持政策，切实提高乡村教师培训质量，提高乡村教师专业化水平。

# 参考文献

保罗·萨缪尔森,威廉·诺德豪斯,2014.经济学[M].第19版.北京:商务印书馆.

鲍传友,2000.中国义务教育差距的政策审视[J].北京师范大学学报(社会科学版)(5):16-24.

毕正宇,2015.教师资源优化配置和义务教育均衡化发展的关系研究[J].新课程教学,15(6):11-12.

查尔斯·豪威尔,查尔斯·V.威利,2000.教育中的优异、公平和多样性[J].教育展望(4):35-43.

陈家全,2017.县域义务教育均衡发展评价指标体系构建的研究[D].重庆:西南大学.

多力思,2011.我国义务教育资源配置评价研究[D].哈尔滨:哈尔滨工程大学.

菲利普·库姆斯,2001.世界教育危机[M].北京:人民教育出版社.

冯文全,夏茂林,2010.从师资均衡配置看城乡教师流动机制构建[J].中国教育学刊(2):18-21.

付淑琼,2012.美国农村教师保障机制研究[J].中国教育学刊(2):78-81.

高如峰,1999.法国义务教育的特别扶持制度[J].外国教育研究(6):12-16.

何二林,2018.城乡教育队伍均衡发展的理论基础及制度构建[J].科教导刊(11):32-34.

贺静霞,张庆晓,2020.新中国成立以来义务教育教师资源配置有关政策变迁历史、特征和展望[J].现代教育管理(3):78-84.

胡荣宝,2018.城乡义务教育师资配置问题与对策[J].赤峰学院学报(哲学社会科学版)(6):138-141.

胡永新，2008.教师人力资源管理［M］.杭州：浙江大学出版社.

黄树生，2011.日本教师"定期流动机制"对我国义务教育教师配置均衡化的启示［J］.上海教育科研（7）：27-28.

克伯莱，2012.美国公共教育：关于美国教育史的研究和阐释［M］.合肥：安徽教育出版社.

李凤珍，2019.农村与乡镇中学生物教师资源配置的不均衡性研究——以四省14个地区103所学校为例［J］.广西教育（42）：11-14.

李均，2008.我国教师资源配置结构性失衡现象考察——兼论当前农村教师队伍建设的制度选择［J］.深圳大学学报（人文社科版）（1）：148-153.

李伟叶，2018.县域内小学教师资源均衡化配置问题研究［D］.长春：东北师范大学.

理查德·A.金，2009.教育财政——效率、公平与绩效［M］.北京：中国人民大学出版社.

刘畅，2018.义务教育均衡发展背景下黑龙江省中小学教师流动机制研究［J］.教育现代化，5（43）：101-103.

刘彦伯，2015.我国城乡义务教育教师资源的可持续配置［J］.基础教育参考，13（17）：44-45.

柳海民，周霖，2007.义务教育均衡发展的理论与对策研究［M］.长春：东北师范大学出版社.

卢妙香，2012.我国义务教育城乡教师均衡配置的政策分析［J］.漳州师范学院学报（哲学社会科学版）（4）：108-112.

米尔顿·弗里德曼，1986.资本主义与自由［M］.北京：商务印书馆.

民进宁夏区委会调研报告，2015.宁夏城乡义务教育师资均衡现状与对策［R］.

慕彦瑾，2016.西北义务教育资源配置合理性分析［D］.成都：四川师范大学.

宁耀，史言涛，2017.广西边境地区农村小学师资结构失衡及其治理对策研究［J］.广西民族大学学报（哲学社会科学版），39（3）：184-188.

彭芳，2020.小学教师资源均衡配置问题研究［D］.银川：北方民族大学.

彭新实，2003.日本教师定期流动［J］.中国教师（6）：60-65.

秦桂芳，2010.教师教育资源概念疏解［J］.教育科学（1）：75-79.

秦玮苡，2019.义务教育均衡发展过程中的乡村教师境况——基于30位乡村骨干教师培训学员的调查分析［J］.长江丛刊（22）：114-115.

申继亮，2006.教师人力资源开发与管理：教师发展之源［M］.北京：北京师范大学出版社.

宋乃庆，朱亚丽，2014.统筹城乡背景下义务教育资源配置的差距分析——基于重庆和全国的数据比较［J］.教育与经济（4）：3-13.

苏涛，2020.教师人力资源配置合理性研究［D］.上海：华东师范大学.

孙百才，莫蓉，2015.美国和澳大利亚教师教育专项经费投入政策及启示［J］.世界教育信息（23）：40-43.

汪丞，2005.中日小学教师流动之比较及启示［J］.比较教育研究（11）：68-72.

王鹏炜，司晓宏，2011.城乡一体化进程中的教师资源配置研究［J］.陕西师范大学学报（哲学社会科学版），40（1）：156-162.

王世忠，2013.教师专业化与中小学教师配置研究［M］.北京：世界图书出版公司.

吴晓蓉，2009.日本偏僻地区优先发展经验研究——以《偏僻地区教育振兴法》为鉴［J］.当代教育与文化（7）：102-105.

夏茂林，冯文全，2010.义务教育均衡配置问题探讨［J］.教育科学（1）：75-79.

徐国成，2010.中国高等学校教师人才资源开发模式构建研究［D］.长春：吉林大学.

严清华，刘穷志，2001.第三种配置及其路径偏好［J］.武汉大学学报（哲学社会科学版）（3）：298-302.

杨茂庆，董洁，2020.美国乡村教师队伍建设的现实困境与应对策略［J］.河北师范大学学报（教育科学版），22（2）：80-87.

杨银付，2012.通过教师资源优化配置来推动义务教育发展［J］.现代教育科学，13（6）：41-42.

杨子卿，2017-1-9.法国偏远地区教师为何"爆满"了［N］.中国教育报（5）.

于发友，赵慧玲，赵承福，2011.县域义务教育均衡发展的指标体系和标准建构［J］.教育研究（4）：50-54.

余跃，2018.统筹城乡背景下义务教育师资均衡配置的定量研究——以重庆市为例［D］.重庆：西南大学.

约翰·E.丘伯，泰力·M.默，2003.政治、市场和学校［M］.北京：教育科学出版社.

约翰·罗尔斯，1998.正义论［M］.北京：中国社会科学出版社.

翟博，2008.教育均衡论：中国基础教育均衡发展实证研究［M］.北京：人民教育出版社.

詹姆斯.科尔曼，2019.科尔曼报告：教育机会平等[M].上海：华东师范大学出版社.

张传萍，2012.义务教育资源配置标准研究［D］.武汉：华中科技大学.

张光辉，2007.高校教师资源优化配置［D］.南京：南京航空航天大学.

张宏军，2010.西方公共产品理论溯源和前瞻——兼论我国公共产品供给的制度设计［J］.贵州社会科学（6）：122-126.

张华侨，2000.农村教育在危机中呐喊［J］.南风窗（5）：60-63.

张人杰，1989.国外教育社会学基本文选［M］.上海：华东师范大学出版社.

赵海千，2018.以"雁阵效应"带动城乡义务教育教师队伍协同发展［J］.中国教师（12）：42-44.

中国教科院"义务教育发展标准研究"课题组，2013.义务教育均衡发展国家标准研究［J］.教育研究（5）36-45.

中央编办，教育部，财政部，2001.关于制定中小学教职工编制标准意见［R］.

周琴，2017.澳大利亚稳定乡村教师队伍的经验与启示［J］.新教师（9）：73-74.

周锡冰，2010.雁阵规则［M］.北京：中国轻工业出版社.

朱昆，2010.法国中小学教师配置改革对我国师资配置的启示［J］.教育导刊（8）：43-46.

朱吴琼，2019.合肥市城乡义务教育资源配置现状及对策研究［D］.合肥：安徽大学.

BAKER B, SCIARRA D, FARRIE D. 2016. Is School Funding Fair? A National Report Card（Fifth Edition）［R］.Education Law Center.

BOWLING A M，BALL A L，2018. Alternative Certification：A Solution or an Alternative Problem?［J］. Journal of Agricultural Education，59（2）：

22-52.

BOWLING A M, BALL A L, 2018. Alternative Certification: A Solution or an Alternative Problem? [J]. Journal of Agricultural Education, 59 (2): 22-52.

FRANCIA, GUADALUPE. The impacts of individualization on equity educational policies [J]. Journal of New Approaches in Educational Research (1): 17-22.

MARVIN A H, 1986. Strengths and needs of first-Year teachers [J]. Teacher Educator (2): 10-18.

RUDE H, MILLER K J, 2018. Policy Challenges and Opportunities for Rural Special Education [J]. Rural Special Education Quarterly, 37 (1): 22-32.

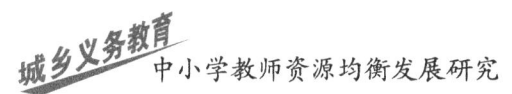

# 后 记

在乡村振兴过程中，储备教师资源是为国家培养人才的关键。在2019年立项以后，笔者系统学习关于城乡教师资源配置的相关理论，经过实地调研和现场采访，到2022年3月全书定稿，在此感谢宁夏师范学院对本专著出版的资助和相关部门对本专著提供的第一手资料。

在本书写作过程中，笔者通过电话采访了北京、重庆、陕西、广西、宁夏、沈阳等省（区、市）的教育管理部门相关管理人员，感谢他们毫无保留地解析城乡教师资源配置的好经验。更要感谢国内在乡村从事基础教育的乡村教师，尤其是在2020年和2021年大学生暑期实践对他们的当面采访和调查问卷，承蒙各位教师在百忙之中给予无私的帮助和友情支持，在此表示由衷的感谢，同时更要对他们长期扎根基层，为我国乡村教育高质量发展贡献一生的信念深表敬意。

在本专著完成过程中，感谢学生们利用暑期实践，亲自到国内基层深入到城乡教师队伍之中深入采访，在采访回来以后仔细整理录音采访资料，在此一并感谢。

本书参考和引用了多位学者的研究成果，受到篇幅限制，尚未能在全书之中全部标出，在此表示感谢。由于知识所限，不足之处在所难免，恳请各位专家、学者批评指正。

著 者

2022年9月